William César Braga

O Guia Prático do Windows® 8.1

William César Braga

O Guia Prático do

Windows® 8.1

ALTA BOOKS
EDITORA
Rio de Janeiro, 2014

O Guia Prático do Windows 8.1

Impresso no Brasil — Edição Revisada e Atualizada, 2014

Produção Editorial
Editora Alta Books

Gerência Editorial
Anderson Vieira

Editoria Nacional
Letícia Vitoria
Livia Brazil
Milena Lepsch
Thiê Alves

Supervisão Gráfica
Angel Cabeza

Supervisão de Qualidade Editorial
Sergio Luiz de Souza

Supervisão de Texto
Jaciara Lima

Design Editorial
Aurélio Corrêa
Auleriano Messias

Capa e Layout
Aurélio Corrêa

Captação e Contratação de Obras Nacionais
Cristiane Santos
Marco Pace
J. A. Rugeri
autoria@altabooks.com.br

Vendas Atacado e Varejo
Daniele Fonseca
Viviane Paiva
comercial@altabooks.com.br

Marketing e Promoção
marketing@altabooks.com.br

Ouvidoria
ouvidoria@altabooks.com.br

Equipe Editorial
Claudia Braga
Daniel Siqueira
Mayara Coelho
Hannah Carriello
Marcelo Vieira
Milena Souza
Natália Gonçalves
Rodrigo Araujo

Revisão Gramatical
Equipe Editorial

Diagramação
Futura

Dados Internacionais de Catalogação na Publicação (CIP)

B813g Braga, William César.
O guia prático do Windows 8.1 / William César Braga. – Rio de Janeiro, RJ : Alta Books, 2014.
160 p. : il. ; 24 cm.

ISBN 978-85-7608-840-0

1. Windows 8.1 (Sistema operacional de computador). 2. Sistemas operacionais (Computadores). I. Título.

CDU 004.451.9Windows8.1
CDD 005.446

Índice para catálogo sistemático:
1. Windows 8.1 004.451.9Windows8.1
2. Sistemas operacionais 004.451.9

(Bibliotecária responsável: Sabrina Leal Araujo – CRB 10/1507)

ALTA BOOKS
EDITORA

Rua Viúva Cláudio, 291 — Bairro Industrial do Jacaré
CEP: 20970-031 — Rio de Janeiro
Tels.: 21 3278-8069/8419 Fax: 21 3277-1253
www.altabooks.com.br — e-mail: altabooks@altabooks.com.br
www.facebook.com/altabooks — www.twitter.com/alta_books

Agradecimentos

Agradeço a você, leitor, pela aquisição do livro *O Guia Prático do Windows 8.1* e a todos que contribuíram para esta publicação.

Espero atingir o objetivo de contribuir para a formação técnica e aprimoramento do aprendizado em informática, tema tão difundido e necessário atualmente para a composição do mercado de trabalho.

Sobre o Autor

William César Braga é brasileiro. Nascido na cidade de Franca-SP, em 07 de fevereiro de 1978, é formado em Administração pela Uni-FACEF e técnico em eletrônica pela FATEC.

Atua na área de desenvolvimento e treinamento em informática desde 1992, na qual já executou atividades como instrutor, palestrante, técnico, analista de treinamento, coordenador e gerente de treinamento, além do desenvolvimento de material didático.

Atualmente é consultor e programador, utilizando a linguagem Delphi para desenvolvimento de sistemas comerciais integrados para empresas de pequeno e médio porte, atuando também na área de e-commerce com a plataforma livre Magento.

Este livro foi escrito de maneira que você possa acompanhar todos os exemplos em arquivos fornecidos no site http://www.altabooks.com.br (procure pelo título do livro).

Espero que as informações contidas aqui sejam de grande utilidade em seu dia a dia.

Qualquer dúvida ou sugestão mande um e-mail para willbraga@yahoo.com.br.

William César Braga

SUMÁRIO

Capítulo I

Apresentação

O mais novo sistema operacional da Microsoft, o Windows 8.1, contribui com inovações que se por um lado demonstram ousadia em abraçar um layout totalmente novo, por outro trouxe a ira de um levante de usuários acostumados com o antigo padrão de trabalho que perdurava, de uma maneira ou de outra, desde a versão do longínquo Windows 95, permanecendo até o Windows 7. Esta nova versão engloba uma série de inovações que buscam atender as exigências de usabilidade de um sem números de aparelhos encontrados hoje em dia no mercado, bem como tablets, celulares, notebooks, phablets entre outros gadgets, sendo assim a nova interface Metro permite que o usuário execute os comandos mais facilmente tanto usando o já conhecido mouse bem como as telas Touch Screen.

A versão Windows 8.1 trata-se já de uma atualização do Windows 8 fazendo mudanças pontuais que aperfeiçoaram pontos muitos debatidos da versão lançada anteriormente, vejamos então algumas destas mudanças que poderão afetar sua experiência no uso da mais nova versão do sistema operacional Microsoft.

Novidades Windows 8.1

Internet Explorer 11

A atualização para o Windows 8.1 traz o Windows Internet Explorer 11, cuja versão de área de trabalho teve poucas mudanças em relação à versão anterior, porém, sua versão Metro foi bem alterada.

Botão Iniciar

A mudança mais debatida na nova versão do Windows 8 volta devido a inúmeras reclamações e crítica. A Microsoft volta com Botão Iniciar na barra de tarefas da Área de Trabalho do sistema operacional, entretanto, ele é um atalho para a Tela Inicial do Windows 8.1, que não se assemelha ao Menu Iniciar das versões da plataforma do Windows 95 ao Windows 7. Entretanto, ao clicar com o botão direito do mouse no botão Iniciar, aparecerão várias funções do antigo Menu Iniciar, porém a lista de aplicativos fica restrita a interface Metro, restando ao usuário a opção da instalação de aplicativos de terceiros para a simulação de um ambiente igual as versões anteriores do Windows.

Personalização e interface

O Windows 8.1 conserva a mesma interface do Windows 8 (a interface Metro UI), porém possui mais opções de personalização, como a possibilidade de usar o mesmo papel de parede da área de trabalho na tela inicial. Os blocos dinâmicos agora possuem quatro tamanhos diferentes. A Microsoft aplicou algumas pequenas alterações para deixar a interface Metro UI mais acessível não só para telas sensíveis ao toque, mas também para quem usa mouse e teclado.

Pesquisas

A Microsoft "anexou" o Bing ao Windows 8.1 e as pesquisas estão mais completas. Por exemplo, se você pesquisar sobre uma cidade, ele mostrará algumas informações dela, como mapas, clima etc. Antes, o Bing estava incluído no Windows 8 como um aplicativo da interface Metro UI.

Windows Store

A Windows Store ganhou um novo visual e recursos que visam facilitar a descoberta e a transferência de novos aplicativos. Além disso, a loja de softwares do sistema operacional tem crescido em ritmo acelerado, oferecendo um portfólio de programas cada vez maior. Conforme anunciado pelo então CEO da empresa, Steve Ballmer, a Windows Store já conta com quase 100 mil aplicativos. Nesse sentido, a plataforma já ganhou aplicativos oficiais de alguns serviços e redes sociais importantes e populares, como Facebook e Flipboard, e deve ganhar mais aplicativos de serviços relevantes a qualquer momento.

Exibição de janelas Metro

No Windows 8 (por vezes intitulada e referida como Windows 8.0 para evitar confusão), era possível exibir, no máximo, apenas duas janelas da interface Metro UI simultaneamente. No Windows 8.1, o limite foi aumentado para quatro. Assim, quando usados monitores em paralelo, a nova interface da plataforma consegue exibir até oito programas diferentes — algo extremamente útil para quem possui uma rotina na frente do computador, que exige a utilização de vários softwares ao mesmo tempo.

Suporte a impressoras 3D

O Windows 8.1 agora oferece compatibilidade nativa com diversos modelos de impressoras 3D. A novidade deve abranger as principais marcas desse mercado, já que a Microsoft está fazendo parcerias com companhias renomadas do ramo, como Makerbot, 3D Systems, Form Labs e Autodesk. Com isso, não será preciso passar seus projetos para aplicativos secundários — é só enviar o comando de impressão e aguardar. Tal implementação deixa clara a intenção da Microsoft em atrair desenvolvedores interessados nas impressoras 3D, para que eles criem aplicativos exclusivos para o Windows.

Novos aplicativos

A Microsoft embutiu alguns aplicativos novos e recursos novos no Windows 8.1, como:

- **Alarmes**: este aplicativo é especialmente útil nos tablets, e possui alarme, temporizador e cronômetro.
- **Calculadora**: a versão Metro da Calculadora do Windows 8.1 possui funções científicas e diversos conversores de unidade.
- **Lista de Leitura**: este aplicativo funciona como um "menu Favoritos" turbinado e que guarda páginas para serem lidas posteriormente.
- **Receitas e Bebidas:** este aplicativo de culinária traz receitas, bebidas e dicas. Possui um modo "hands-free", que permite a manipulação do aplicativo sem a necessidade de tocar a tela com as mãos sujas.
- **Fotos**: a Microsoft disponibilizará funções de edição de imagens na nova versão do aplicativo, com várias predefinições (assim como o Instagram, porém mais completo). Esta é a versão "Metro" do aplicativo Galeria de Fotos do Windows.
- **Saúde e Bem-estar**: este aplicativo traz dicas de saúde, bem-estar e ginástica.

Edições Windows 8.1

Nome do recurso	Windows RT 8.1	Windows 8.1	Windows 8.1 Pro	Windows 8.1 Enterprise
Experiência do usuário				
Aplicativos				
Atualizações automáticas de aplicativos da Windows Store (novo)	✓	✓	✓	✓
Aplicativos internos (Correio, Calendário, Pessoas e mais)	✓	✓	✓	✓
Instalar e executar aplicativos da Área de Trabalho (x86/x64)		✓	✓	✓
Internet Explorer 11 (novo)	✓	✓	✓	✓
Microsoft Office Home & Student 2013 RT incluso	✓			
Windows Media Player		✓	✓	✓
Windows Store	✓	✓	✓	✓
Xbox SmartGlassiv com Play To / Play On	✓	✓	✓	✓
Dispositivos e periféricos				
Suporte à impressão 3D (novo)	✓	✓	✓	✓
Registro por biometria (novo)	✓	✓	✓	✓
InstantGo	✓	✓	✓	✓
Suporte à transmissão sem fio de imagens MiraCast (novo)	✓	✓	✓	✓
Hotspot móvel / Compartilhamento de conexão Wi-Fi (novo)	✓	✓	✓	✓
Aperfeiçoamentos no suporte a vários monitores (novo)	✓	✓	✓	✓
Espaços de Armazenamento		✓	✓	✓
Suporte à impressão sem fio Wi-Fi Direct (novo)	✓	✓	✓	✓

Sistema				
CPU Sockets	1	1	2	2
Máximo de RAM	4 GB	128 GB	512 GB	512 GB
Montar ISO / VHDs	✓	✓	✓	✓
Redefinir e atualizar o seu computador	✓	✓	✓	✓
Alternar idiomas durante o voo (Pacotes de Idiomas)	✓	✓	✓	✓
Inicialização VHD			✓	✓
Windows Update	✓	✓	✓	✓
Gerenciamento				
Acesso atribuído (novo)	✓		✓	✓
Client Hyper-V			✓	✓
Registro de dispositivo (novo)	✓	✓	✓	✓
Ingresso no Domínio			✓	✓
Exchange ActiveSync	✓	✓	✓	✓
Política de Grupo			✓	✓
Suporte a abertura de MDM (novo)	✓	✓	✓	✓
Sideloading de aplicativos de linha de negócios	<vendido separadamente>		<vendido separadamente>	✓
Controle da tela Inicial(novo)				✓
Windows To Go Creator				✓
Pastas de trabalho (novo)	✓	✓	✓	✓
Ingresso no local de trabalho (novo)	✓	✓	✓	✓
Segurança				
AppLocker				✓
Verificação de extensão bináriai	✓	✓	✓	✓
BitLocker e BitLocker To Go			✓	✓
Criptografia de dispositivo	✓	✓	✓	✓
Proteção para a Família	✓	✓	✓	✓
Autenticação multifator para BYOD (novo)	✓	✓	✓	✓
Senha com imagem	✓	✓	✓	✓

Remoção de dados de negócios remotos (novo)	✓	✓	✓	✓
Inicialização Confiável	✓	✓	✓	✓
Windows Defender	✓	✓	✓	✓
Windows SmartScreen	✓	✓	✓	✓
Rede				
BranchCache				✓
VPN Clients internos	✓	✓	✓	✓
DirectAccess				✓
Área de Trabalho Remota (cliente)	✓	✓	✓	✓
Área de Trabalho Remota (host)			✓	✓
Aperfeiçoamentos ao VDI				✓

Fonte: https://www.microsoft.com/

Descontinuação da edição Starter

A Microsoft também anunciou que não serão mais feitas edições Starter Edition do Microsoft Windows porque não deseja mais limitar tanto os usuários e também porque investiria mais no mercado móvel.

Requisitos para instalação do Windows 8.1

Os requisitos do sistema para o Windows 8.1 são os mesmos do Windows 8.

Processador: 1 GHz ou mais rápido;

Memória RAM: 1 GB (32 bits) ou 2 GB (64 bits);

Espaço disponível no disco rígido: 16 GB (32 bits) ou 20 GB (64 bits);

Placa de vídeo: dispositivo gráfico com Microsoft DirectX 9 e driver WDDM.

Lembre-se, no entanto, que estes são os requisitos mínimos. Para que o computador tenha um bom desempenho, tais recursos devem ser incrementados.

SUPORTE

Caso você tenha uma versão do Windows 8, a migração para o Windows 8.1 pode ser feita até 12 de Janeiro de 2016.

O suporte base do Windows 8 encerra em 09 de Janeiro de 2018 e o seu suporte estendido encerra em 10 de Janeiro de 2023, o Windows 8.1 seguirá o mesmo "ciclo de vida" do Windows 8.

FIXANDO O APRENDIZADO

Responda as questões a seguir:

1) Cite três versões do Windows 8.1.

   1-

   2-

   3-

2) Cite quatro Novidades do Windows 8.1 em relação às versões anteriores.

   ____

   ____

3) Quais são os requisitos de Memória Ram e HD para a instalação do Windows 8.1?

   ____

   ____

4) Qual mudança recebeu mais críticas por parte dos usuários do Windows 8 e 8.1 em relação à anteriores?

   ____

   ____

Capítulo II

Primeiros Passos com Windows 8.1

Ao ligar seu computador com Windows 8.1, caso você tenha definido uma senha de usuário, você irá se deparar com uma tela parecida como a da Imagem 2A.

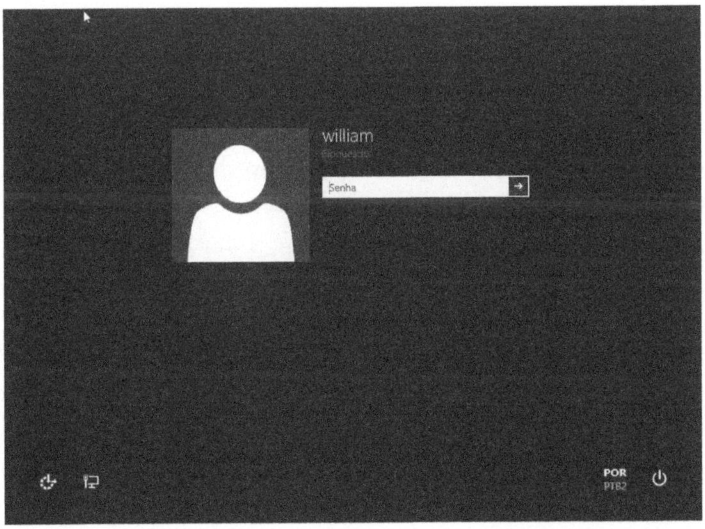

Imagem 2A - Login

Ao inserir sua senha, você terá o ambiente Metro do Windows 8.1 parecido com a Imagem 2B. Os aplicativos exibidos poderão mostrar-se diferentes conforme sua configuração.

Imagem 2B – Ambiente Metro

Ambiente Metro

Nesta parte do livro será demonstrado como utilizar e personalizar o ambiente Metro, com a criação, agrupamento e remoção de atalhos para aplicativos, bem como outras opções para customizar seu ambiente.

No ambiente Metro são encontradas as maiores diferenças entre a antiga plataforma da Microsoft adotada desde o Windows 95 até o Windows 7 já que a plataforma passada apresentava pequenas mudanças entre si. Porém agora com o intuito de integrar a usabilidade da interface tanto para computadores e notebooks bem como para aparelhos móveis como tablets, phablets e outros afins que fazem uso da tela Touch Screen a Microsoft optou por esta nova interface.

Como pode ser observado na Imagem 2B, os programas são organizados em blocos que podem ser dispostos, criados, removidos de acordo com o desejo do usuário, vejamos então como trabalhar com estas opções.

Importante

Os aplicativos e sua disposição podem diferir entre os computadores, portanto, caso alguns dos aplicativos indicados não exista em seu ambiente fique à vontade para usar outro aplicativo.

Abrindo e fechando programas

Para abrir um programa basta dar um clique simples sobre o programa, por padrão, o mesmo será aberto em tela cheia. Para fechar o programa, pressione as teclas **ALT + F4** no teclado ou então arraste o mouse até a parte superior da tela até que o cursor se transforme em uma mão e arraste para a parte inferior da tela conforme mostra a Imagem 2C.

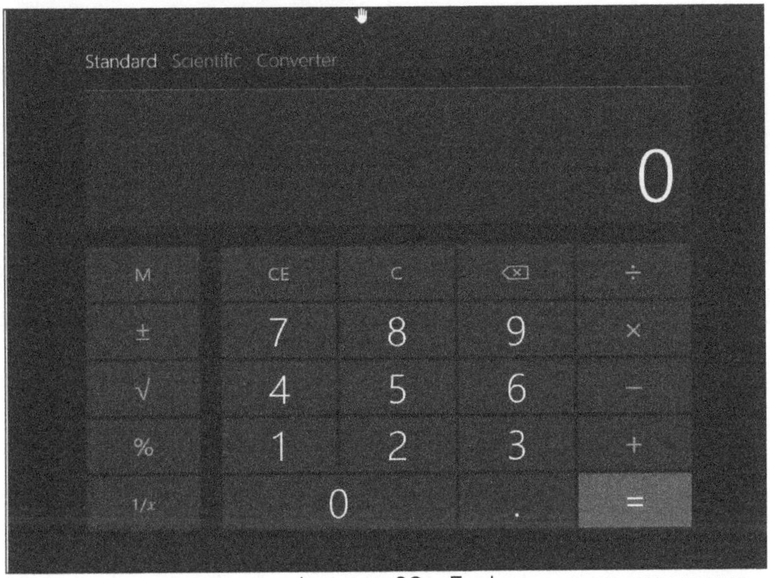

Imagem 2C - Fechar ou mover programa

Caso você mova o cursor para as laterais do monitor, o Windows redimensionará o mesmo para que você trabalhe como mais de um programa ao mesmo tempo, dividindo a tela conforme exibido na Imagem 2D.

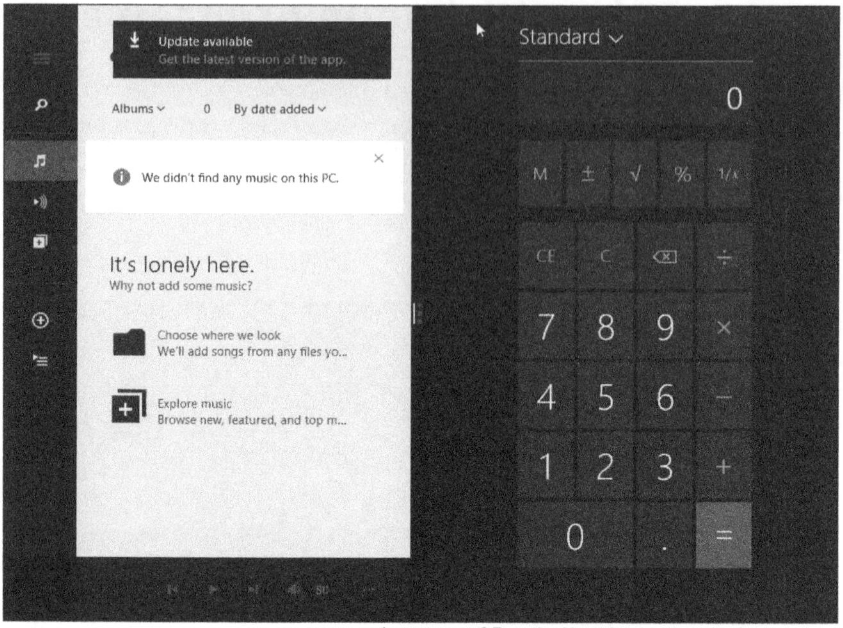

Imagem 2D – Aplicativos dividindo a tela

Alternando entre programas

O Windows, já conhecido por ser um ambiente que permite que o usuário trabalhe com vários programas ao mesmo tempo, proporciona que você alterne entre um programa e outro facilmente. Para tanto, você poderá posicionar o mouse no canto superior esquerdo da tela conforme exibido na Imagem 2E ou então utilizar a combinação de teclas **Alt + Tab**, mantendo o **Alt** pressionado e apertando a tecla **Tab** até selecionar o programa desejado conforme exibido na Imagem 2F.

Imagem 2E – Alternando entre programas

Imagem 2F – Alternando entre programas pelo teclado

A alternância entre aplicativos pelo teclado poderá ser utilizada também quando você estiver utilizando a Área de Trabalho.

Criar, remover, alterar blocos da tela inicial

Os blocos da tela inicial do Windows 8.1 podem ser personalizados para atender a melhor organização do usuário. Sendo assim, é recomendável que você remova os programas que não utilize da tela. Coloque em destaque aqueles que você utiliza com maior frequência e organize em grupos que facilitem a busca dos programas mais utilizados.

Redimensionar um bloco

Os blocos apresentam tamanhos diferentes. Esta diferenciação ocorre para que possamos colocar aplicativos de maior uso ou que apresentem informações dinâmicas com tamanhos maiores, são oferecidos 4 tamanhos: Pequeno, Médio, Largo, Grande.

Clique com o botão direito do mouse no bloco que deseja redimensionar, e uma barra de opções será exibida na parte inferior da tela. Dentre as opções, você terá Redimensionar. Lá, você poderá escolher entre as 4 opções apresentadas conforme Imagem 2G. Alguns aplicativos não oferecem todas as opções de tamanho devido a configurações preestabelecidas durante a criação do mesmo.

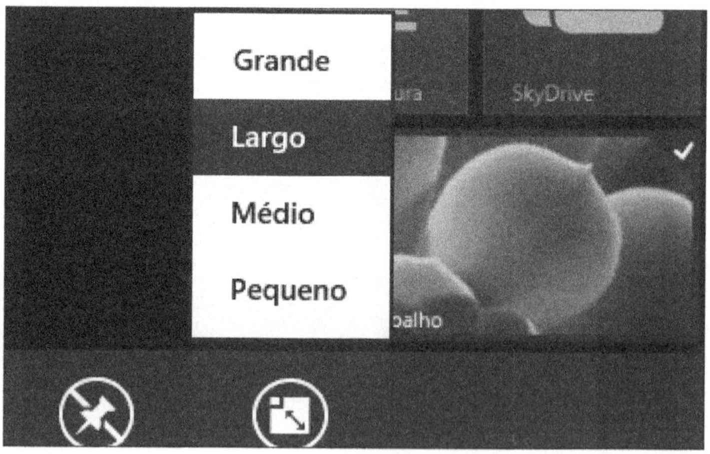

Imagem 2G - Redimensionar

Remover um bloco

Para remover um bloco da tela, o procedimento é simples: clique com o botão direito do mouse no bloco desejado na barra de opções que aparece na parte inferior da tela e escolha a opção Desafixar da Tela Inicial, conforme pode ser visto na Imagem da 2H.

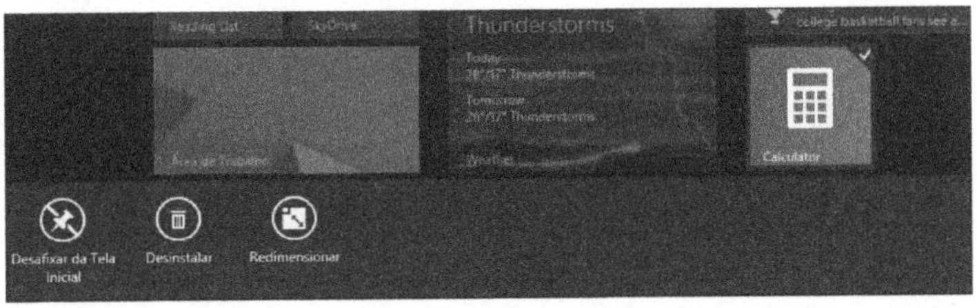

Imagem 2H - Removendo bloco

Importante

> Ao lado da opção Desafixar da Tela Inicial você encontra a opção Desinstalar. Note que a segunda opção não remove apenas o atalho da tela inicial, mas sim remove o programa do computador. Sendo assim esta opção deve ser utilizada com cuidados, pois neste caso você poderá perder um programa que ainda utiliza.

As operações de redimensionamento, bem como remoção dos blocos, podem ser realizadas em grupo. Para isso, basta clicar com o botão direito do mouse em cada programa que desejar.

Nomeando um grupo de blocos

O Windows 8.1 oferece ao usuário a opção de dar nome aos grupos de blocos tão somente para organizar melhor o ambiente inicial. Para tal, clique com o botão direito do mouse sobre um aplicativo qualquer e você poderá notar que uma área de digitação acima dos aplicativos aparecerá para que você defina um novo nome. Basta clicar para posicionar o cursor e digitar conforme mostra a Imagem 2I.

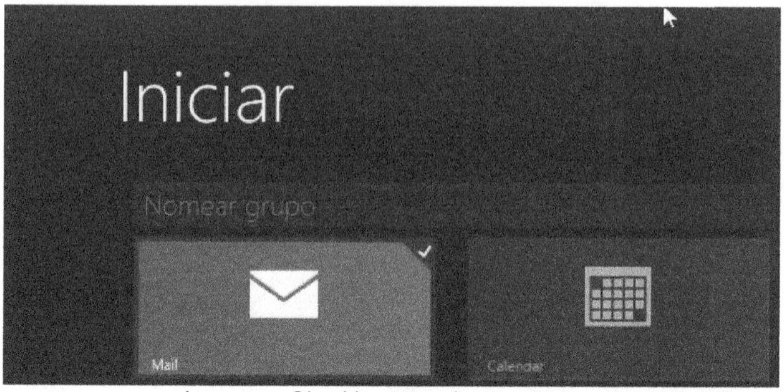

Imagem 2I – Nomeando um grupo de aplicativos

Criando um novo bloco

A cada novo programa instalado em seu computador, o sistema automaticamente criará um ou mais blocos no ambiente Metro. Porém, você poderá inserir novos atalhos caso tenha removido algum deles, ou se eles não apresentarem atalhos na tela inicial.

Para criar um novo bloco, clique na seta apontando para baixo na parte inferior da tela Imagem 2J.

Imagem 2J – Seta de programas

Com isto, será mostrada uma série de programas que você poderá usar para criar novos blocos; clique com o botão direito do mouse sobre o aplicativo desejado e depois selecione a opção Fixar Tela Inicial na parte inferior da tela, conforme a Imagem 2K.

Imagem 2K – Lista de aplicativos

Importante

> Nem todos os aplicativos estarão listados na tela mostrada na Imagem 2K. Você ainda poderá localizar outros aplicativos pelo nome. Para isso, basta posicionar o cursor na parte superior direita onde encontra-se o ícone de uma lupa digitar o nome do aplicativo e realizar o mesmo procedimento para criação do bloco. Veja um exemplo na Imagem 2L.

Imagem 2L – Localizando aplicativo

Após criar um novo bloco o mesmo será posicionado em um novo grupo na tela inicial, você poderá nomear este novo grupo ou simplesmente arrastar o bloco para um grupo já existente.

Blocos dinâmicos

Alguns blocos possuem características especiais e podem apresentar opções de configuração especiais. É o caso dos blocos dinâmicos que apresentam informações em tempo real. Como exemplo, temos os aplicativos de previsão do tempo (Weather), bolsa de valores (Finance) e notícias (News), entre outros. Você poderá ativar ou desativar a opção que mostra as informações na tela dinamicamente. Basta clicar com o botão direito nos aplicativos correspondentes e na parte inferior da tela, escolher a opção Desligar Bloco Dinâmico ou Ligar Bloco Dinâmico. Veja nas Imagens 2M, o aplicativo de Previsão do Tempo com as informações dinâmicas ativadas e desativadas.

Imagem 2M-a
(Modo dinâmico ativado)

Imagem 2M-b
(Modo dinâmico desativado)

FIXANDO O APRENDIZADO

1) Abra 3 aplicativos à sua escolha.
2) Alterne entre os aplicativos usando o teclado.
3) Alterne entre os aplicativos usando o mouse.
4) Feche um dos aplicativos.
5) Posicione os dois aplicativos abertos lado a lado, dividindo a tela.
6) Crie um novo bloco para o aplicativo Alarms.
7) Remova o aplicativo de previsão do tempo (Weather).
8) Crie novamente o bloco do aplicativo Weather em outro grupo.
9) Redimensione o aplicativo Weather para Largo.
10) Desative o modo dinâmico dos aplicativos de notícias e fotos.
11) Mova o aplicativo Weather para o grupo principal.
12) Mude o nome do primeiro grupo da tela para Essenciais.
13) Feche todos os aplicativos abertos pelo teclado.

Capítulo III

Personalizando o Ambiente Inicial

Neste capítulo, aprenderemos como personalizar o ambiente inicial com as seguintes opções:

- Alterar imagem da área do ambiente Metro
- Definir uma imagem para tela de bloqueio
- Alterar imagem do usuário
- Alterar senha de Login
- Alterar data e hora

Imagem área do ambiente Metro

O fundo do ambiente Metro é definido no momento da instalação do Windows 8.1, porém você poderá alterar o mesmo escolhendo dentre uma variedade predefinida pelo sistema. Para isso, posicione o mouse no canto superior ou inferior direito da tela. Uma série de opções aparecerão, conforme a Imagem 3A. Clique na opção Configurações.

Imagem 3A – Opções de acesso rápido

Na tela mostrada, selecione a opção Personalizar, como na Imagem 3B. Automaticamente, o Windows apresentará uma variedade de imagens, bem como suas opções de cores personalizadas como exibido na Imagem 3C. No fundo da tela de Blocos, não é possível a utilização de imagens/fotos personalizadas. Escolha uma imagem qualquer e personalize as cores.

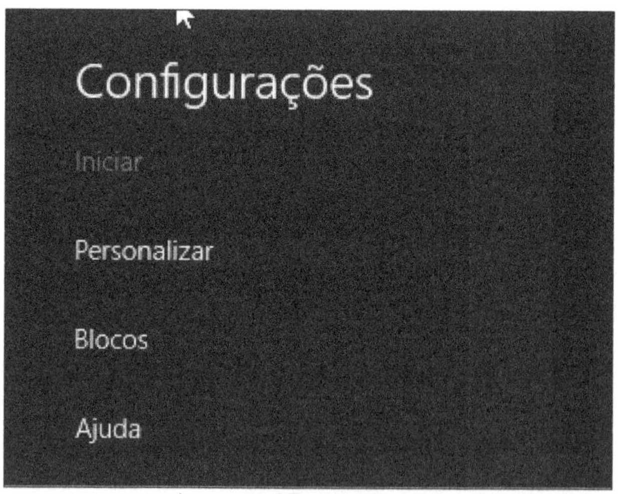

Imagem 3B – Opções de configurações

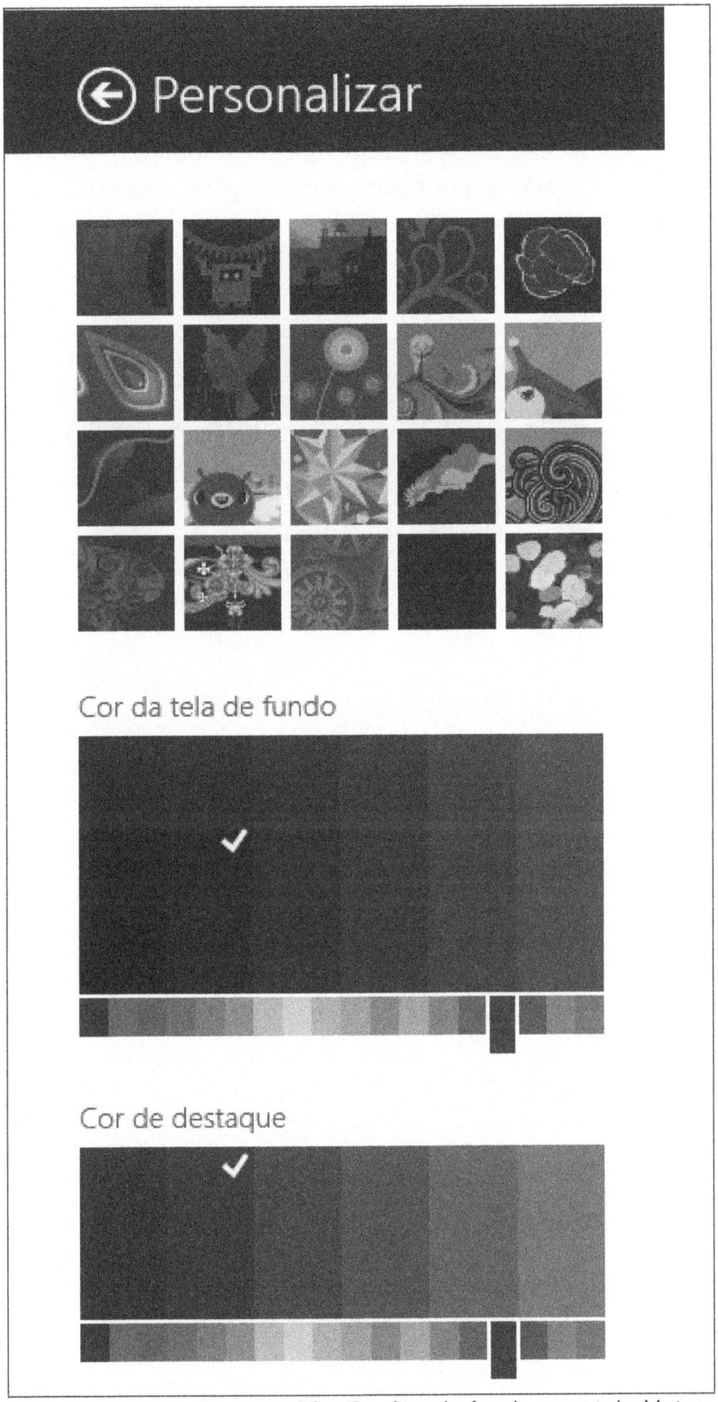

Imagem 3C – Opções de fundo para tela Metro

Trocar imagem Tela de Bloqueio e bloquear tela

A imagem de bloqueio é exibida sempre que o computador aguarda a entrada da senha ou está bloqueado. Juntamente a esta imagem, você visualiza a data e hora e aplicativos configurados para serem exibidos nesta parte do sistema. Veja um exemplo na Imagem 3D.

Imagem 3D – Tela de Bloqueio

Para alterar a imagem de bloqueio, posicione o mouse no canto superior ou inferior direito da tela. Aparecerá uma série de opções, conforme a Imagem 3A. Clique na opção **Configurações**, depois em **Mudar configurações do computador,** conforme Imagem 3E. Na tela que aparece, escolha a opção **Tela de Bloqueio**, como na Imagem 3F.

Imagem 3E - Mudar configurações

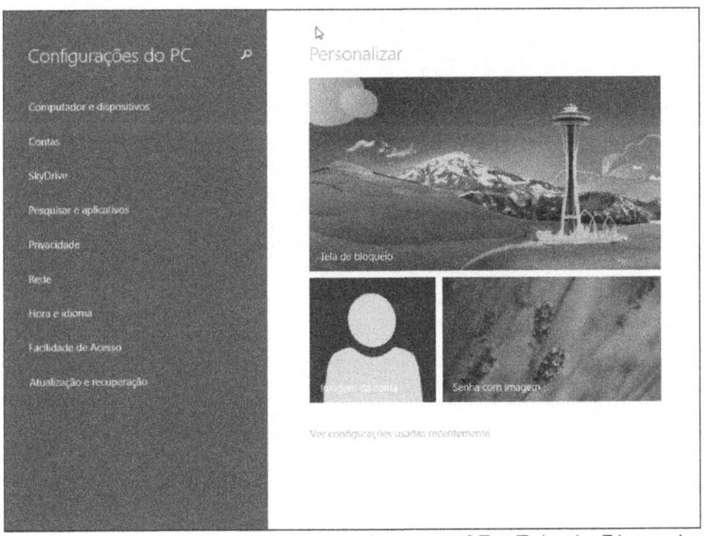

Imagem 3F - Tela de Bloqueio

Na nova tela exibida na Imagem 3G, você poderá escolher a imagem em uma lista pré-definida do Windows ou utilizar a opção Procurar para escolher uma imagem própria no seu computador, SkyDrive ou outra pasta da Rede. A utilização de pesquisas no computador será exibida em outra parte do livro. Vejamos outras opções para personalização da Tela de Bloqueio:

- Reproduzir uma apresentação de slides na tela de bloqueio: permite definir uma ou mais pastas de imagens para o sistema escolher imagens diferentes.
- Desligar a tela depois que a apresentação de slides tiver sido reproduzida por: determina o tempo máximo de reprodução das imagens na tela de bloqueio antes que o monitor entre no modo de economia de energia.
- Aplicativos da Tela de Desktop: permite definir aplicativos para serem exibidos na tela de bloqueio.
- Câmera: permite utilizar a câmera para capturar uma imagem para a tela de bloqueio.

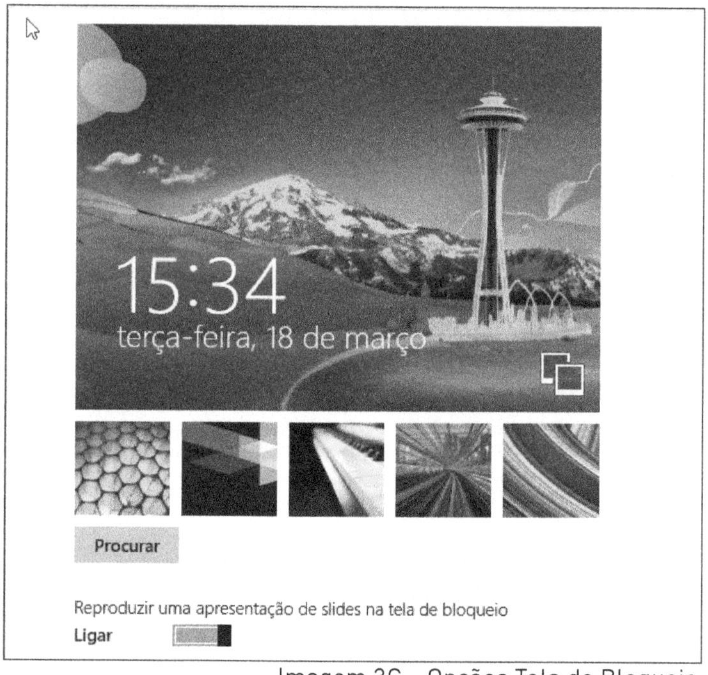

Imagem 3G – Opções Tela de Bloqueio

Depois de selecionar uma imagem para a tela de bloqueio, caso queira verificar o resultado, você deverá bloquear a tela. Este procedimento é utilizado sempre que você se ausentar do computador com o intuito de que outras pessoas não utilizem a máquina sem digitar a senha de acesso. Para bloquear a tela, volte à tela inicial do ambiente Metro, clique no nome do usuário no canto superior direito conforme mostra a Imagem 3H, e escolha a opção **Bloquear**. O computador irá direto para a tela de bloqueio escolhida anteriormente.

Importante

Na Imagem 3H, temos também a opção Sair. Esta opção também volta para a Tela de Bloqueio, porém, com a diferença de que qualquer aplicativo aberto será encerrado, ou seja, caso você tenha algum arquivo aberto, deverá gravar as informações primeiramente, enquanto a opção Bloquear mantém os aplicativos abertos, bastando então entrar com a senha para voltar ao estado anterior ao bloqueio.

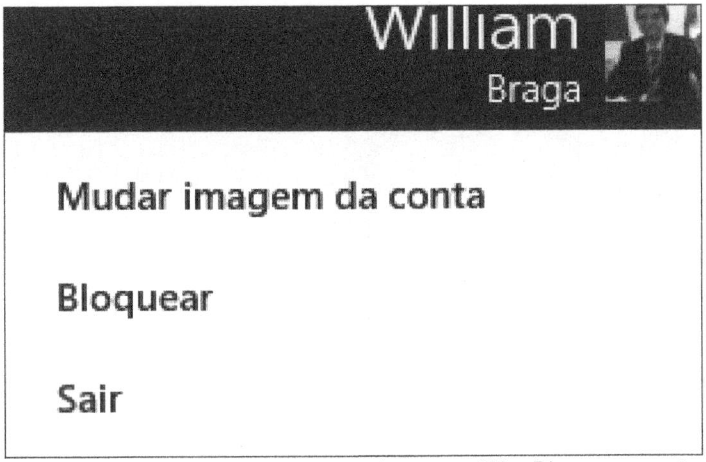

Imagem 3H - Bloquear conta

Alterando imagem da conta do usuário

É extremante simples definir uma imagem personalizada para seu usuário no ambiente Windows. Clique no nome de seu usuário, conforme mostrado na Imagem 3H, e escolha a opção **Mudar imagem da conta**. A Imagem 3I será exibida nesta tela e você poderá optar entre gerar uma imagem diretamente da Câmera, caso seu computador seja equipado com uma, ou então clicar no botão Procurar, que permitirá escolher uma imagem do seu computador, da rede ou do SkyDrive (que é o serviço de armazenamento de arquivos em nuvem da Microsoft que será explicado mais detalhadamente no livro).

Observe que nos exemplos que estamos utilizando, o Windows está sendo usado com uma conta local. Caso você tenha uma conta Microsoft, algumas configurações serão escolhidas diretamente na internet.

Imagem 3I – Alterar imagem da conta

Veja na **Imagem 3J** as opções de escolha da imagem para o usuário no Windows.

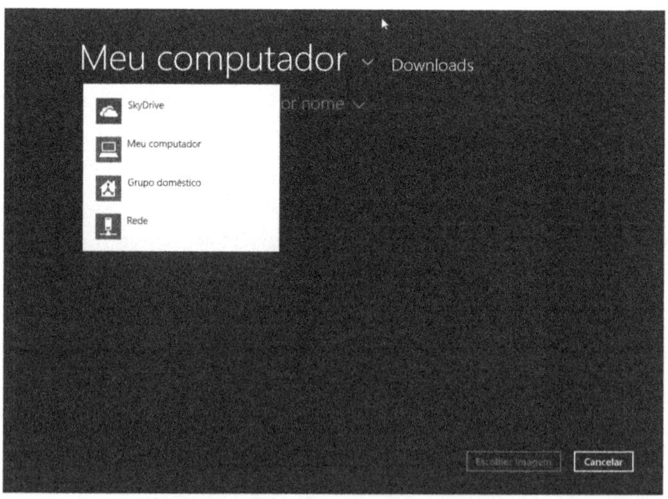

Imagem 3J – Opções de procura para arquivos

Depois de escolhida a imagem, basta selecionar a mesma e clicar no botão Escolher Imagem.

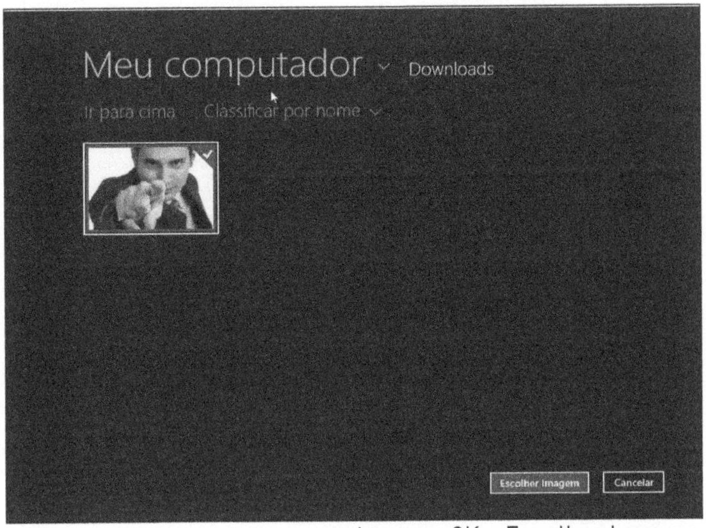

Imagem 3K – Escolher Imagem

Alterando a senha do usuário

É recomendável que seu computador esteja sempre protegido com senha no usuário para evitar utilização indevida. Para definir ou trocar a senha de usuário, clique no nome do usuário na tela inicial e selecione a opção **Mudar Imagem da Conta**, conforme Imagem 3H. Na tela que aparece clique em **Opções de Entrada**, conforme Imagem 3L. Você terá três opções de configuração:

- Senha: permite definir uma senha alfanumérica para acesso ao sistema.
- Senha com Imagem: permite escolher uma imagem e criar padrões geométricos sobre a mesma para acesso ao computador ou dispositivo tal qual já é amplamente utilizado em celulares, porém, para tanto, você necessitará de uma tela Touch Screen.
- PIN: permite definir uma senha de 4 dígitos para acessar o computador.

Vale lembrar que você poderá utilizar todas as senhas ao mesmo tempo, optando na entrada do sistema por qual método deseja efetuar o login.

A opção Outras Contas permite que você gerencie outras contas do computador caso você seja um Administrador, podendo assim criar usuários e trocar a senha dos mesmos.

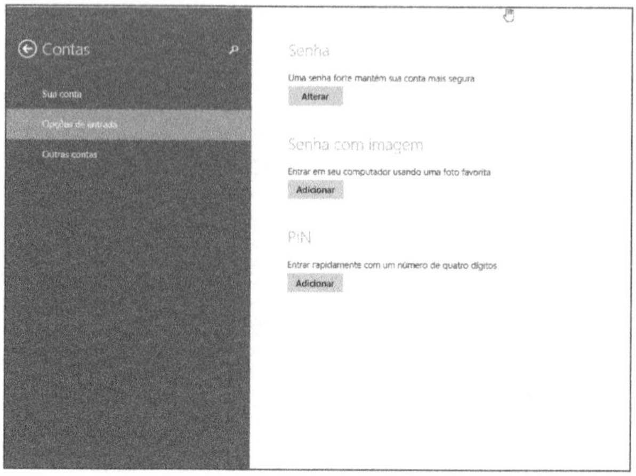

Imagem 3L - Opções de senha

Selecione a opção **Senha**, o sistema pedirá a senha atual caso exista, digite e clique em **Avançar** na próxima tela da Imagem 3M, digite a Nova Senha, confirme a mesma e coloque uma dica para senha. Após, clique em **Avançar** e depois em **Concluir**.

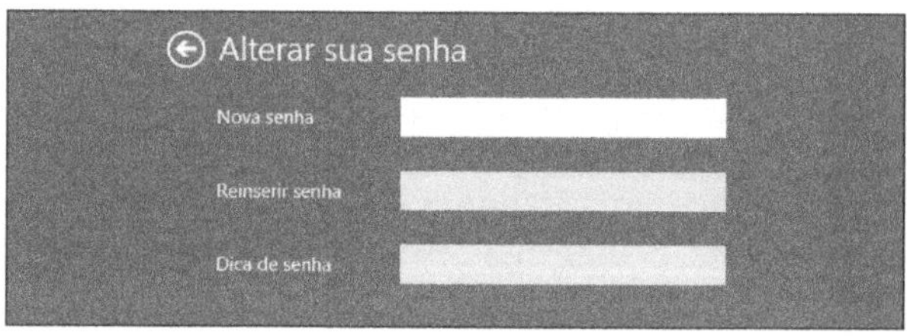

Imagem 3M - Troca de senha

Alterando Data/Hora e Idioma

Se seu computador possui uma conexão com a internet, normalmente o Windows estará configurado para ajustar a data e hora utilizando servidores conectados. Caso contrário, você terá que configurar a data e hora manualmente. Outra situação que poderá ser encontrada é o ajuste do fuso horário para que o acerto da data e hora seja feito de acordo com a região geográfica que você se encontra. Outra opção que pode ser útil é a inserção de novos idiomas para trabalho no Windows 8.1.

Posicione o mouse no canto superior ou inferior direito da tela, selecione a opção Configurações e depois Mudar configurações do computador. Na tela que aparece, selecione Hora e Idioma, conforme Imagem 3N.

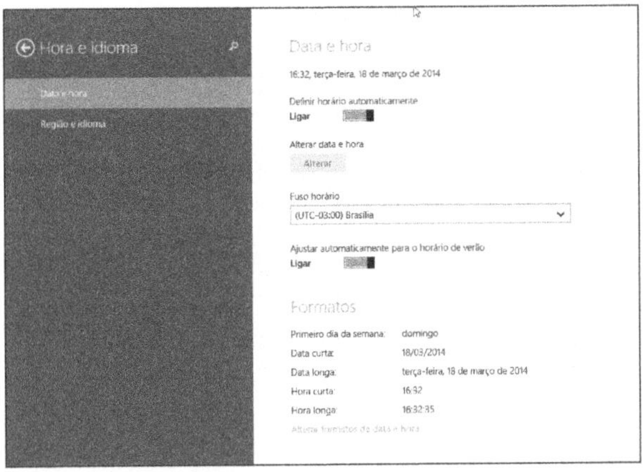

Imagem 3N – Data, hora e idioma

No lado direito da tela você tem as seguintes opções:

- Definir horário automaticamente: ajusta a data e hora através de computadores online. Se você desligar esta opção o sistema ativará o botão **Alterar,** que permitirá que você defina a data e hora manualmente. Imagem 3O.
- Fuso Horário: permite definir qual fuso horário você utiliza.
- Ajustar automaticamente para o horário de verão: ativa o sistema, adianta ou atrasa o horário do computador automaticamente nas datas programadas no sistema.
- Formatos: clicando na opção Alterar formatos de data e hora você poderá alterar o modo de exibição de datas e horários em todo o sistema operacional.

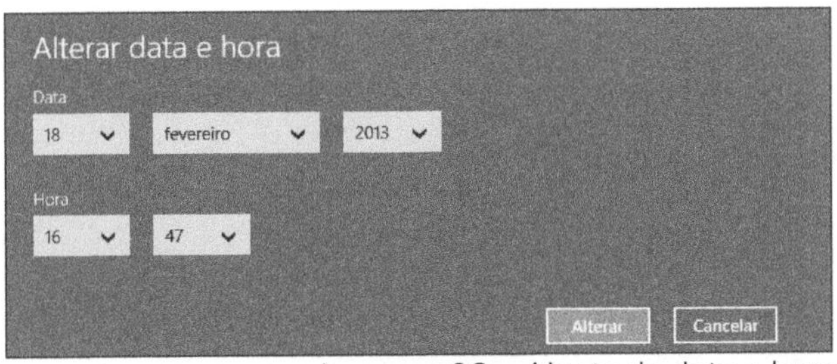

Imagem 3O – Ajuste de data e hora

Na mesma tela da Imagem 3N, do lado esquerdo, você pode clicar na opção **Região e Idioma**. Clicando nesta opção do lado direito, você poderá alterar o País ou região (Imagem 3P), opção que o Windows utiliza para determinar uma série de configurações, dentre elas, formato de data e hora, moeda, alimentação de aplicativos de notícias, previsão do tempo, entre outros.

Na opção **Idiomas** você pode adicionar outro idioma ao sistema, com esta opção o sistema alterará toda a parte textual para o idioma escolhido. Um detalhe importante é que para colocar um novo idioma o computador tem que estar conectado à internet para que o sistema efetue o download do pacote de tradução.

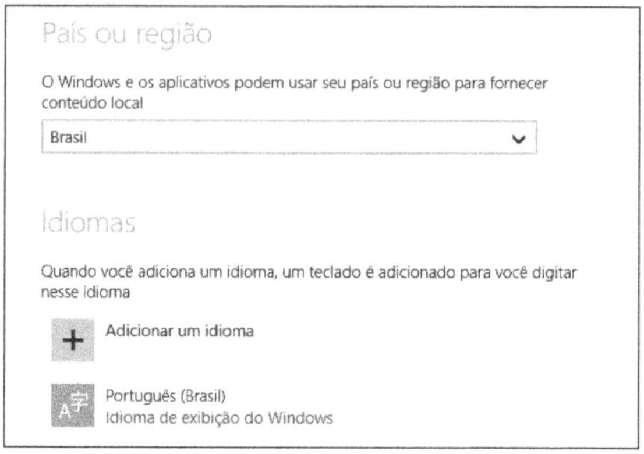

Imagem 3P – Opções de idioma

FIXANDO O APRENDIZADO

1) Coloque a imagem da tela de bloqueio no modo slides.
2) Altere a imagem do usuário que você está usando.
3) Coloque uma senha utilizando a opção PIN.
4) Altere o fundo do ambiente Metro colocando a imagem da onça, com fundo azul e destaque amarelo.
5) Altere a data e hora manualmente do sistema colocando 12/12/2022.
6) Retire a senha da opção PIN do sistema.
7) Ative o sistema de data e hora automático novamente.
8) Se possuir câmera, altere a imagem do usuário usando a câmera do computador.

Capítulo IV

Área de Trabalho

O novo sistema operacional Microsoft Windows 8.1 trouxe inovações com o ambiente Metro, principalmente para aqueles que utilizam o sistema em dispositivos com tela Touch Screen. Porém, em termos de produtividade, é inegável que o uso do sistema operacional em si como ferramenta de gerenciamento e organização de arquivos, bem como o uso de aplicativos de produção como editor de texto, planilhas e geradores de apresentação, continuam concentrados na famigerada Área de Trabalho, que agora se encontra na tela inicial do ambiente Metro como um aplicativo.

Aqueles que utilizam o Windows 8.1 em notebooks e desktops como uma estação de trabalho provavelmente permanecerão na Área de Trabalho a maior parte do tempo. Já aqueles usuários que utilizam outros dispositivos ou tem o computador como ferramenta para entretenimento no uso de redes sociais, fotos e aplicativos de mensagem, podem muito bem conviver sem o uso pleno da Área de Trabalho.

Vamos agora abordar os detalhes do uso da Área de Trabalho e os aplicativos que são abertos dentro deste ambiente. Neste capítulo, o explorador de arquivos será utilizado a fim de permitir que você, usuário, tenha pleno controle na organização de seus arquivos e pastas dentro do sistema.

No ambiente Metro, clique no ícone Área de Trabalho para abrir o programa exibido na Imagem 4A.

Imagem 4A - Área de Trabalho

A Área de Trabalho, como o próprio nome indica, é apenas um aplicativo usado como superfície de trabalho para outros aplicativos de produção. Veja então como trabalhar com os aplicativos presentes nela.

Maximizando, Restaurando, Minimizando e Fechando Programas

Os botões **Maximizar**, **Minimizar** e **Fechar** estão localizados no canto superior direito de cada janela, como mostramos na Imagem 4B.

Já com a Área de Trabalho aberta conforme a Imagem 4A, você pode observar duas áreas distintas, a área de trabalho propriamente dita e a Barra de Tarefas, onde ficam localizados os ícones dos programas em uso e informações como data/hora e língua/layout de teclado que estão sendo utilizados. Do lado esquerdo, temos o ícone com a janela do Windows, que permite voltar ao ambiente Metro sem fechar a Área de Trabalho, o ícone para abrir o navegador Internet Explorer e o ícone do Explorador de Arquivos.

Veja que a Barra de Tarefas poderá apresentar diferentes itens de acordo com suas configurações e/ou aplicativos instalados ou abertos, porém a configuração da Imagem 4B é a padrão do Windows 8.1.

Imagem 4B - Barra de Tarefas

Clique no botão Explorador de Arquivos para abrir o mesmo na Área de Trabalho, como mostrado na Imagem 4C.

Imagem 4C

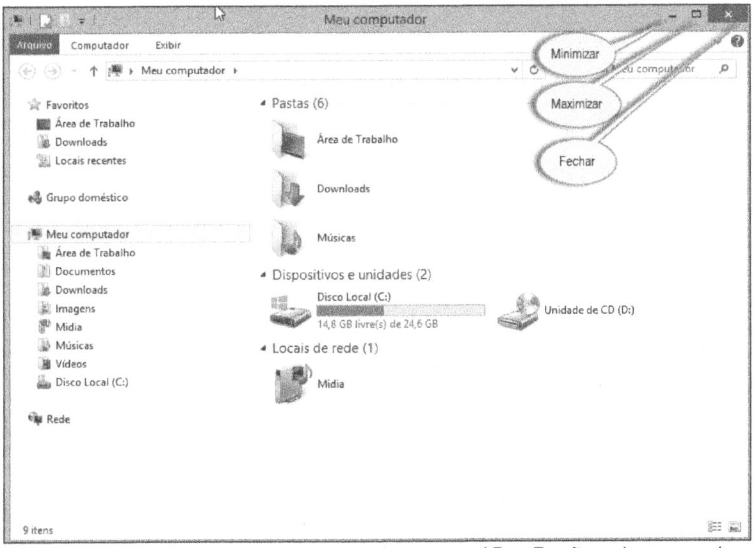

Imagem 4D – Botões de tamanho

Botão Fechar

No canto superior direito encontraremos esse botão que ao ser clicado, fechará a janela do aplicativo, tendo em mente que este aplicativo não estará mais utilizando a memória do computador.

Botão Minimizar

Este botão, ao ser clicado, vai minimizar a janela do aplicativo e remover a janela da área de trabalho, porém mantendo o programa ainda aberto.

Botão Maximizar

Este botão é utilizado para maximizar a janela do aplicativo, que preencherá toda a tela.

Botão Restaurar

Este botão estará presente somente quando a janela do aplicativo estiver maximizada, e clicando sobre o mesmo voltará ao seu tamanho original.

Movendo e Mudando o Tamanho dos Aplicativos

Barra de Título

A Barra de Título é a parte da janela que mostra o nome do programa e/ou documento na janela.

Você pode mover janelas dando um clique e arrastando a barra de título.

Siga o exemplo:

1. Mova a janela do Explorador de Arquivos aberto anteriormente com um clique em sua barra de título, arrastando-a para outro lugar na área de trabalho.
2. Solte o botão do mouse. A janela se move para a nova posição.

Mudando o tamanho das janelas

Você pode redimensionar janelas para ver uma parte maior da área de trabalho, as janelas que estão por baixo ou visualizar parcialmente o conteúdo de determinada janela.

Agora, vamos redimensionar a janela do Explorador de Arquivos executando as seguintes etapas:

1. Aponte o mouse para a borda ou canto da janela do programa em questão. O ponteiro do mouse se transforma em uma seta dupla.
2. Pressione o botão esquerdo do mouse e arraste para a direção desejada sem soltar o botão. Quando a janela estiver no tamanho escolhido, solte o botão do mouse.

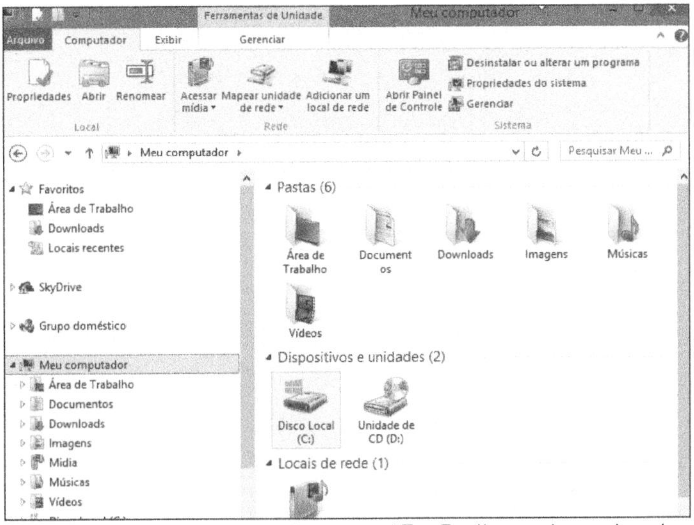

Imagem 4E - Redimensionar janela

Organizando janelas na área de trabalho

Quando várias janelas estão abertas na área de trabalho, você pode alternar entre elas pressionando **Alt + Tab**. No entanto, em alguns casos, você pode preferir reorganizar sua área de trabalho para poder ver todas as janelas ao mesmo tempo. Quando as janelas são colocadas lado a lado, você pode copiar informações de uma janela para outra ou comparar o conteúdo de janelas diferentes.

Existem duas maneiras para organização das janelas na área de trabalho. Na primeira, você poderá redimensionar e movê-las manualmente usando as técnicas que acabamos de descrever. Na segunda, deixará que o Windows faça isso para você.

Siga o exemplo:

1. Para ver como isso funciona, abra os programas Explorador de Arquivos e Lixeira clicando duplo sobre o ícone da mesma.
2. Após abrir os programas, clique com a tecla da direita do mouse sobre uma área vazia da Barra de Tarefas.
3. Agora basta escolher a opção desejada como mostra a Imagem 4F.

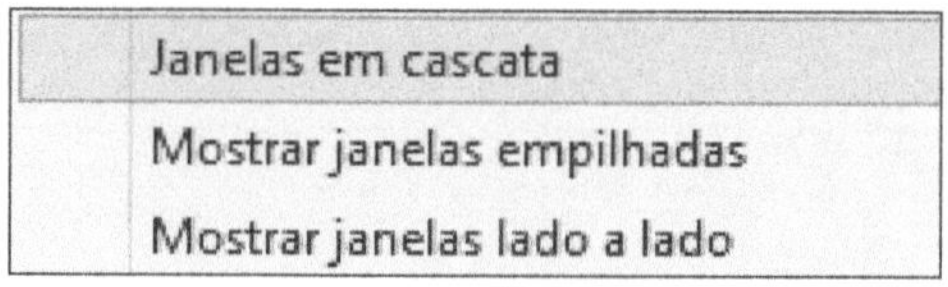

Imagem 4F

O resultado será como mostrado na Imagem 4G.

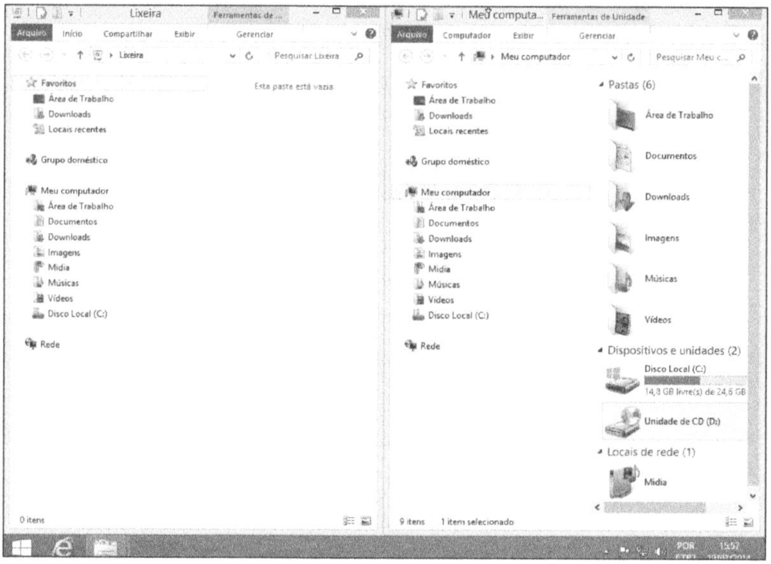

Imagem 4G – Janelas organizadas lado a lado

Mover, Copiar e Apagar Objetos

Veremos agora como mover, copiar e apagar objetos dentro do Windows.

Lembre-se que os comandos aqui apresentados poderão ser usados em qualquer parte do Windows, sempre seguindo a mesma lógica; portanto, alguns comandos podem não ser úteis neste momento, mas se mostrarão muito proveitosos em outros.

Para mover um objeto execute os passos a seguir:

1. Clique com o mouse sobre o objeto Lixeira.
2. Agora mantenha o botão da esquerda do mouse pressionado e arraste o objeto para a direita da área de trabalho. Enquanto você arrasta o mouse, aparece uma sombra para ajudá-lo a reposicionar o objeto.

3. Solte o botão do mouse e o objeto se move para a nova posição.

Para copiar um objeto siga os passos:

1. Clique com o mouse sobre o objeto Lixeira.
2. Pressione a tecla CTRL no teclado e arraste o objeto Lixeira para uma nova posição.
3. Solte o botão esquerdo do mouse e depois a tecla CTRL, automaticamente o Windows cria um atalho ou cópia do objeto clicado como da Imagem 4H.

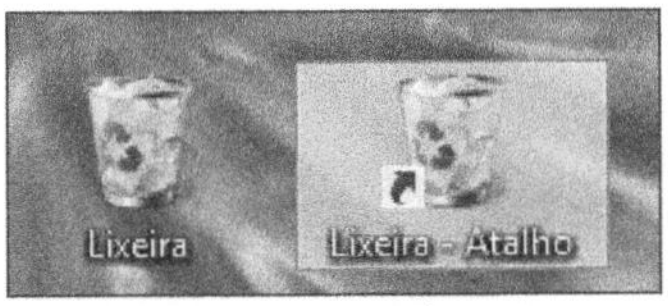

Imagem 4H – Cópia Lixeira

Para apagar um objeto, clique no objeto que deverá ser excluído e pressione a tecla **Del**.

Neste caso, o item foi colocado na Lixeira como segurança caso você deseje recuperar o mesmo em outro momento. Caso você queira apagar um item sem que o mesmo vá para a lixeira, o processo é praticamente o mesmo, a diferença é que em vez de pressionar **Del** você deverá pressionar **Shift** + **Del**. Desta forma, o Windows exibe uma mensagem pedindo confirmação para excluir o objeto ou arquivo definitivamente conforme Imagem 4I.

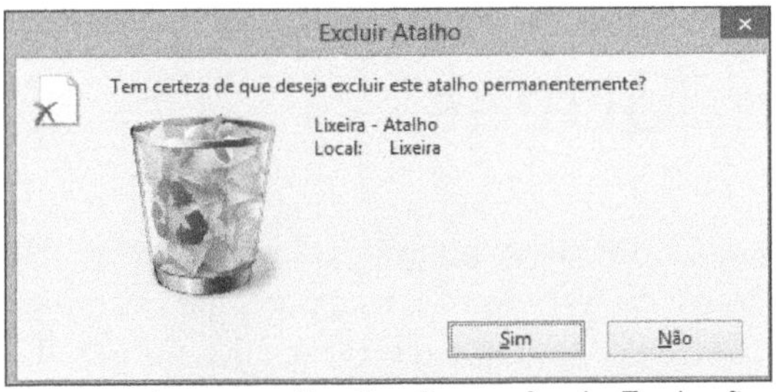

Imagem 4I – Confirmação de Exclusão

Importante

O processo de exclusão utilizando-se das teclas **Shift** + **Del** deve ser usado com cuidado, pois neste caso o objeto ou arquivo não poderá ser recuperado de maneira simples, portanto sempre opte por enviar os itens para a Lixeira.

Organizar Ícones Automaticamente

Você pode usar o recurso de auto-organizar para fazer com que objetos se arranjem automaticamente na janela do aplicativo. Dessa forma, os ícones estarão sempre alinhados.

1. Deixe apenas o aplicativo Área de Trabalho aberto, clique com o botão direito na área de trabalho, escolha a opção **Exibir** e selecione **Organizar** ícones automaticamente como na Imagem 4J.

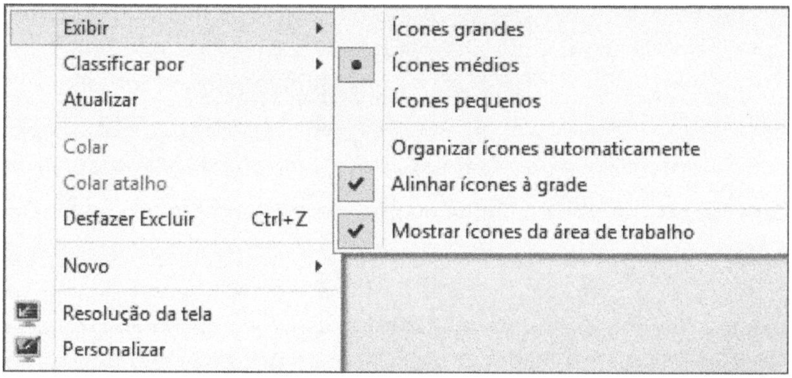

Imagem 4J

2. Agora tente mover um objeto para outra posição da tela e você verá que o computador organiza automaticamente os objetos (lembre-se, caso a opção estiver ativa, será mostrado uma marca de verificação ao lado da opção).

Barra de Tarefas

Os ícones do sistema, inclusive relógio, volume, rede e energia, são ícones especiais que fazem parte do Windows. Você pode alterar o modo como esses ícones e notificações aparecem e se eles serão mostrados ou não. É possível desativar ou ativar um ícone do sistema.

1. Clique com o botão direito do mouse em uma área vazia da barra de tarefas e depois em **Propriedades**.
2. Na opção Área de notificação, clique em **Personalizar** conforme Imagem 4K.

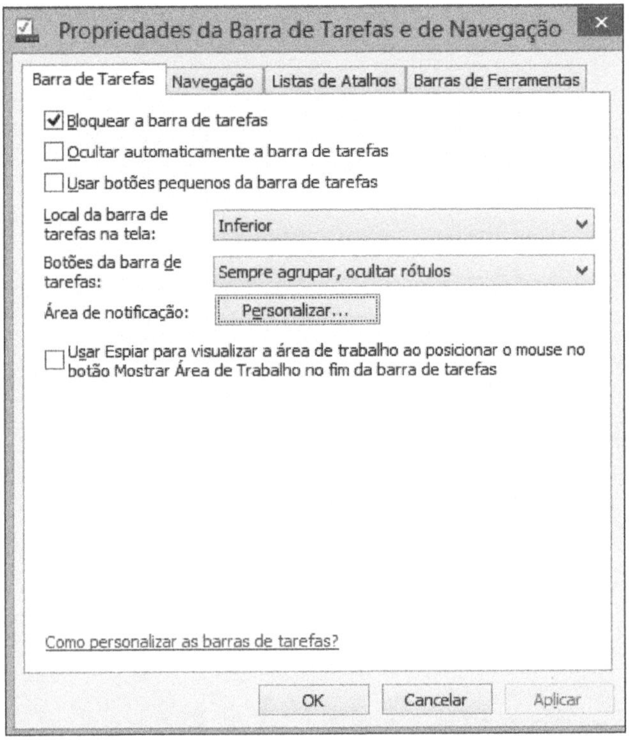

Imagem 4K - Propriedade da Barra de Tarefas

3. Na tela que aparece, clique em **Ativar** ou **desativar** ícones do sistema.
4. Para cada ícone do sistema, clique em **Ativado** na lista para mostrar o ícone na área de notificação ou em **Desativado** para remover o ícone da área de notificação.
5. Clique em **OK** e, a seguir, em **OK** novamente.

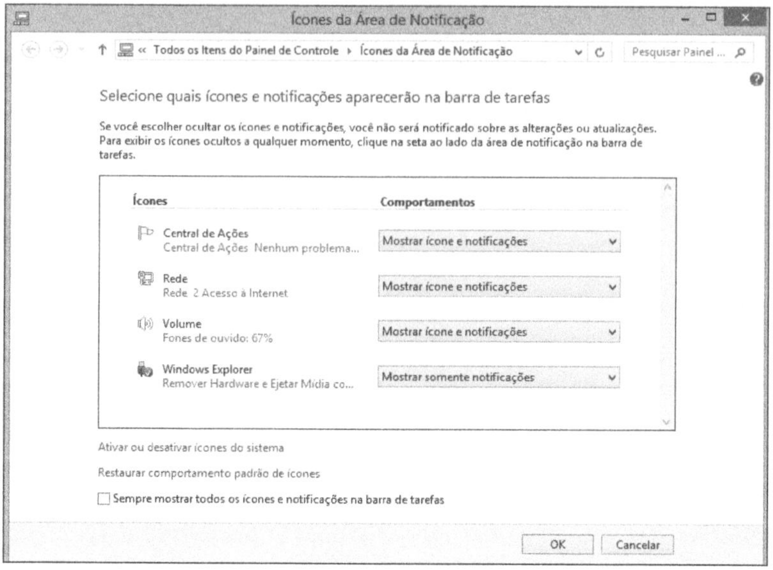

Imagem 4L - Itens área de notificação da Barra de Tarefas

Outras propriedades da Barra de Tarefas

1. Dê um clique na **Barra de Tarefas** com o botão direito do mouse.
2. Escolha **Propriedades** para exibir a caixa de diálogo da Barra de Tarefas.

As seguintes opções estarão na guia Barra de Tarefas:

- Bloquear a Barra de Tarefas: bloqueia a barra de tarefas para que não seja movida para outra posição da área de trabalho.
- Ocultar Automaticamente a Barra de Tarefas: com esta opção ativada a Barra de Tarefas fica invisível quando o usuário estiver trabalhando em um aplicativo.
- Usar botões pequenos da Barra de Tarefas: mostra ícones menores na Barra de Tarefas.
- Local da Barra de Tarefas na Tela: determina a posição da Barra de Tarefas na tela.
- Botões da Barra de Tarefas: determina como os botões de aplicativos abertos serão exibidos e agrupados na barra.
- Usar espiar para visualizar a área de trabalho ao posicionar o mouse no botão **Mostrar Área de Trabalho** no fim da Barra de Tarefas: permite visualizar a área de trabalho clicando no botão no fim da Barra de Tarefas mesmo quando tem programas em tela cheia.

Localizando e Executando Programas

A opção de localização é mais uma forma de abrir programas que já estão instalados em seu computador, mas que não aparecem como opção no ambiente Metro ou como atalho na área de trabalho. Para isso, siga os passos:

1. Posicione o mouse no canto superior ou inferior do lado direito da tela. Nas opções que aparecem, clique na lupa conforme Imagem 4M.

Imagem 4M - Opções de botão na janela do Windows

2. Na tela que aparece, digite **Paint**. O Windows localizará o programa conforme mostra a Imagem 4N, então basta clicar sobre o mesmo para abri-lo.

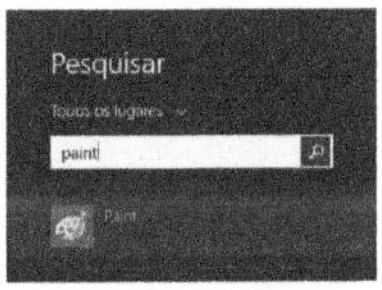

Imagem 4N

Criando Atalhos

Você pode adicionar novos itens à Área de Trabalho, criando atalhos para novos programas ou documentos de uso contínuo. Veja como:

1. Clique com o botão direito do mouse em uma parte vazia da Área de Trabalho.
2. Nas opções que aparecem, clique em **Novo/Atalho** conforme **Imagem 4O.**

Imagem 4O - Novo/Atalho

3. No campo local do item digite **Mspaint.exe** e clique em **Avançar,** conforme **Imagem 4P.**

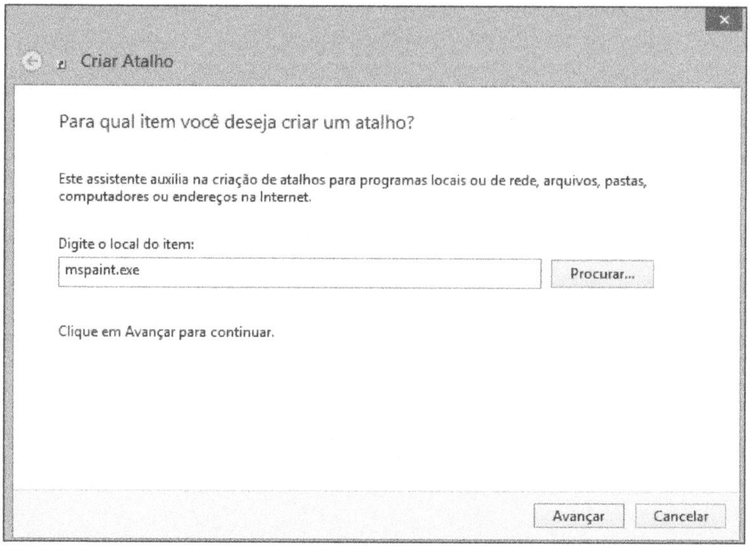

Imagem 4P

4. Digite **Paint** para o nome do atalho e clique em **Concluir** conforme **Imagem 4Q.**

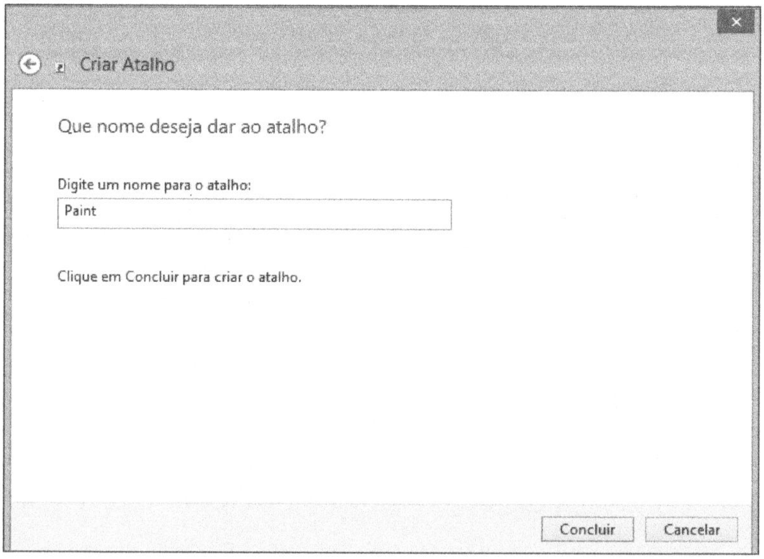

Imagem 4Q – Nome/Atalho

5. Confira o resultado na tela conforme Imagem 4R.

Imagem 4R - Novo atalho criado

FIXANDO O APRENDIZADO

1) Abra os aplicativos WordPad, Paint e Bloco de Notas usando o localizar.
2) Alterne para o programa Bloco de Notas.
3) Maximize as janelas WordPad e Paint.
4) Agora minimize todas as janelas da área de trabalho.
5) Feche o aplicativo Paint e abra o Notas Adesivas.
6) Organize janelas para que fiquem lado a lado.
7) Organize as janelas empilhadas.
8) Organize as janelas em cascata.
9) Maximize o programa Bloco de Notas.
10) Desative a opção Organizar Ícones Automaticamente da Área de Trabalho.

11) Mova o ícone da Lixeira para a outra extremidade da tela.
12) Ative a opção Organizar Ícones Automaticamente novamente.
13) Feche todos os programas usando o teclado.
14) Faça uma cópia do ícone Lixeira.
15) Apague a cópia da Lixeira.
16) Bloqueie a Barra de Tarefas para que não possa ser movida pela tela.
17) Desbloqueie a Barra de Tarefas e mova a mesma para a parte superior da tela.
18) Crie um atalho para o arquivo Calc.exe na área de trabalho.
19) Crie um atalho para o arquivo Notepad.exe na área de trabalho.
20) Apague o atalho para a Calculadora.
21) Crie um atalho na área de trabalho para o arquivo explorer.exe.
22) Crie um atalho na área de trabalho para o arquivo cmd.exe.
23) Apague todos os atalhos que você criou.

Capítulo V

Explorador de arquivos

Veja agora como utilizar todos os recursos do Explorador de Arquivos, programa que permite ao usuário organizar seu sistema de arquivos, trabalhar com pastas, entre outras tarefas de gerenciamento do sistema.

Clique no botão **Explorador de Arquivos** para abrir o mesmo na Área de Trabalho, representado na Imagem 5A.

Imagem 5A

O Explorador de Arquivos será aberto conforme mostrado na Imagem 5B, sempre lembrando que a imagem pode estar diferente em alguns aspectos de acordo com suas configurações.

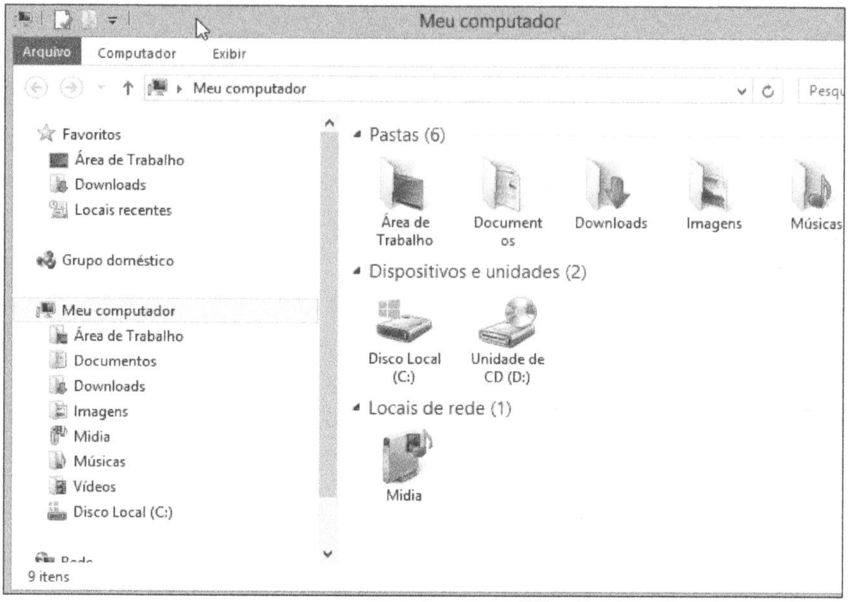

Imagem 5B – Explorador de arquivos

Na Imagem 5B, você pode observar do lado esquerdo a estrutura em árvore de pastas e acessos de rede caso existam. Do lado direito, temos as pastas de acesso principal (Downloads, Músicas, Imagens, Vídeos, Documentos) e os drives.

Drives

Antes de iniciar nosso trabalho com os discos, vamos entender um aspecto básico da organização dos itens dentro do computador, ou seja, os drives. Veja a seguir uma explicação concisa da função e organização destes itens.

Drive é o nome dado para os compartimentos Disco Rígido, CD/DVD e Pen-Drives (podem ainda existir itens como drives de Rede, Cartões de Memória etc).

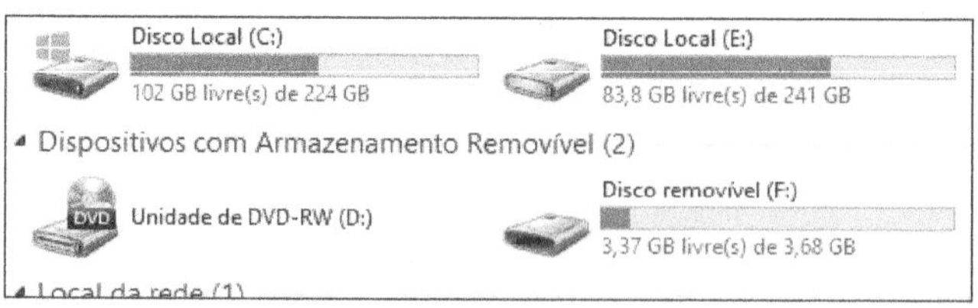

Note que as letras do drive podem mudar conforme seu computador, porém normalmente você terá o drive C: correspondente ao disco rígido principal do computador.

Trabalhando com Discos

Abra o Explorador de Arquivos para executar os comandos mostrados aqui.

Percorra a árvore de pastas do lado esquerdo, clique no objeto Disco Local C: e dê um clique com o botão direito do mouse conforme Imagem 5C.

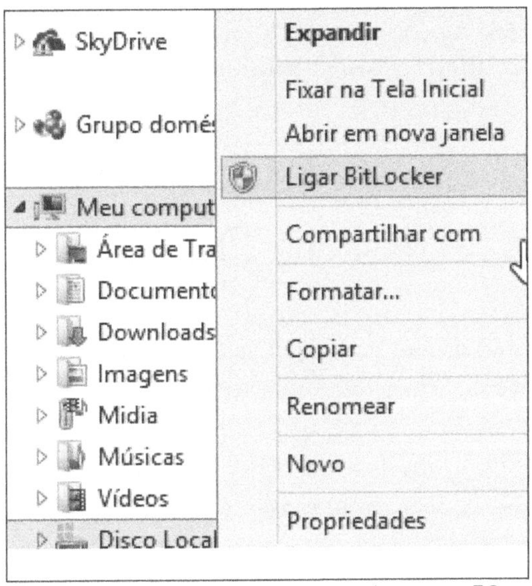

Imagem 5C – Opções explorador de arquivos

Nota: algumas opções podem não estar disponíveis em seu computador por questão de configuração.

- Expandir: expande a lista de pastas existentes naquele drive.
- Abrir em nova janela: abre outra janela do explorador com o conteúdo do item que foi selecionado.
- Fixar Tela Inicial: cria um bloco no ambiente Metro para o item selecionado.

- Compartilhar com: abre a guia Compartilhar para que você possa tornar este disco ou pasta acessível a outras pessoas cujos computadores estão conectados ao seu na rede.
- Formatar: abre uma caixa de diálogo para que você possa formatar discos flexíveis, discos rígidos, pen drives ou cartões de memória para uso em seu computador. Lembrando que formatar consiste basicamente em apagar todas as informações existentes naquele dispositivo para prepará-lo para uso posterior.
- Renomear: troca o nome de apresentação dos discos. Lembre-se que as representações para os drives não serão alteradas (C:, D:, etc.).
- Novo: permite a criação de novos itens como Pastas, Atalhos, etc.
- Propriedades: mostra a caixa de diálogo Propriedades para que você possa ver e alterar informações e configurações do disco.

Examinando e Mudando Configurações de Disco

Clique com o botão direito no drive Disco C novamente e escolha **Propriedades** no menu que aparece. Você verá uma caixa de diálogo similar a Imagem 5D.

A partir desta caixa de diálogo, você pode mudar o nome do disco digitando um novo nome e clicando no botão **OK**. Na metade inferior da caixa de diálogo, você pode ver informações como espaço total do dispositivo, quantidade ocupada e livre.

Na guia **Ferramentas** na parte superior da janela, você poderá acessar as opções de **Verificação de Erros e Desfragmentação** de seu disco.

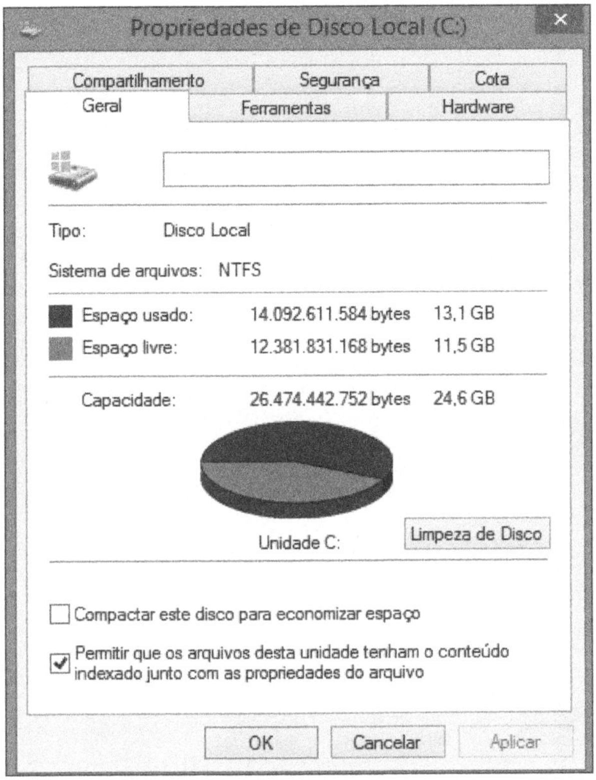

Imagem 5D – Propriedades do disco

Modos de Visualização do Explorador de Arquivos

No Explorador de Arquivos, há oito modos diferentes para a visualização dos arquivos e pastas que podem ser alterados a qualquer momento. Por exemplo, se você está trabalhando em uma pasta com vários arquivos de fotos, o modo ideal de trabalho seria o que exibe miniaturas das mesmas.

Na barra de ferramentas na parte superior do **Explorador de Arquivos,** clique no menu **Exibir**. Neste momento, você terá todas a opções possíveis de visualização conforme mostra a **Imagem 5E**.

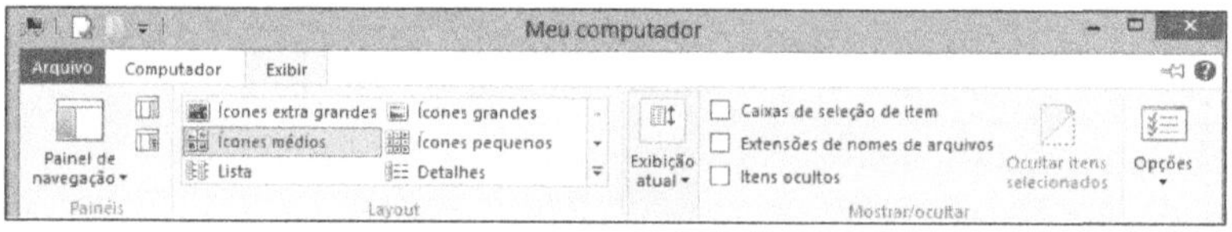

Imagem 5E – Modos de exibição

- Ícones: exibe os arquivos de figuras como miniaturas de seu conteúdo, neste caso você tem as opções extragrandes, grandes e pequenos.

Imagem 5F – Ícones médios

- Lista: permite visualizar o conteúdo com ícones uns abaixo dos outros, ou seja, em forma de listagem.

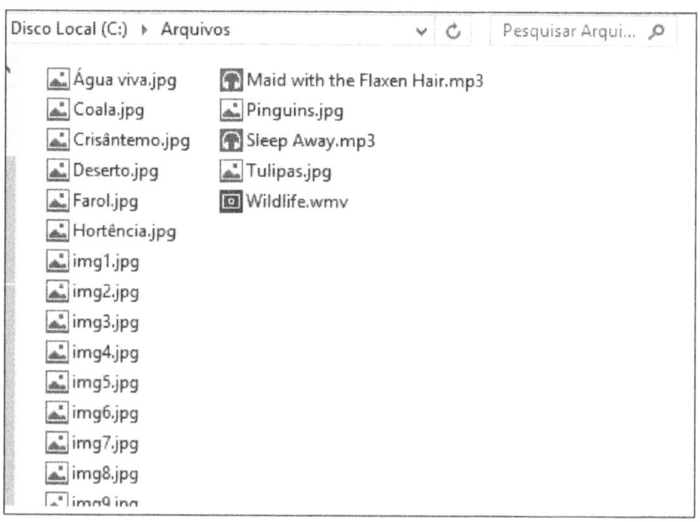

Imagem 5G – Lista

- Detalhes: a visualização é como no modo lista, porém, fornece informações como **Nome**, **Tipo**, **Tamanho** e **Data de Criação**.

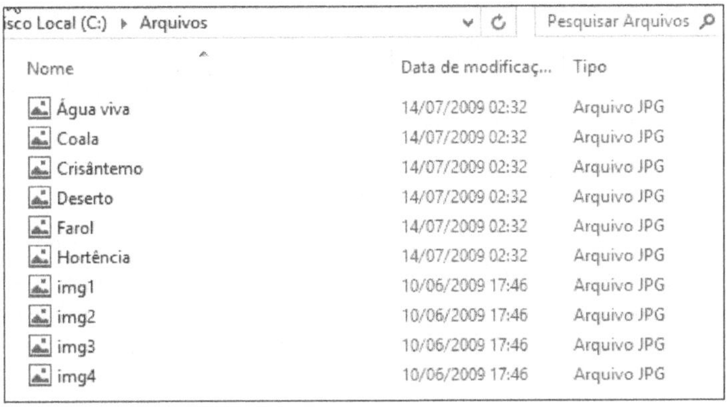

Imagem 5H - Detalhes

- Conteúdo: exibe os arquivos com informações sobre eles, além de uma prévia do conteúdo quando possível.

Imagem 5I- Conteúdo

Arquivos e Pastas

Um arquivo é qualquer informação que você tenha armazenado no disco rígido, CD, pen drive ou cartão de memória. Programas, jogos, textos, fotos ou qualquer outra informação que você colocar em seu disco será um arquivo.

O nome do arquivo é dividido em duas partes: um nome propriamente dito, que pode ter no máximo 256 caracteres (letras ou números) e uma extensão. O nome deve ser separado da extensão por um ponto.

Regras para nomear um arquivo

O nome do arquivo não poderá exceder a 256 caracteres.

Nem todos os caracteres estão disponíveis para o nome do arquivo, como (? \ * “ < > |

Exemplo:

CHICLETE.DOC é um nome de arquivo, no qual CHICLETE é o nome do arquivo e DOC é sua extensão. O nome do arquivo é definido por seu criador, já a extensão é atribuída pelo programa que o criou. No exemplo, o arquivo CHICLETE.DOC, provavelmente foi criado no programa **Microsoft Word**, ou seja, quando você visualizar um arquivo com a extensão DOC, automaticamente saberá que ele pode ser alterado pelo programa Word.

Caso as extensões dos arquivos não estejam sendo exibidas em seu computador, efetue o seguinte procedimento.

1. Abra o Explorador de Arquivos.
2. Clique no menu **Exibir** na parte superior e, dentre as opções que são apresentadas, ative Extensões de nomes de arquivos conforme Imagem 5J.

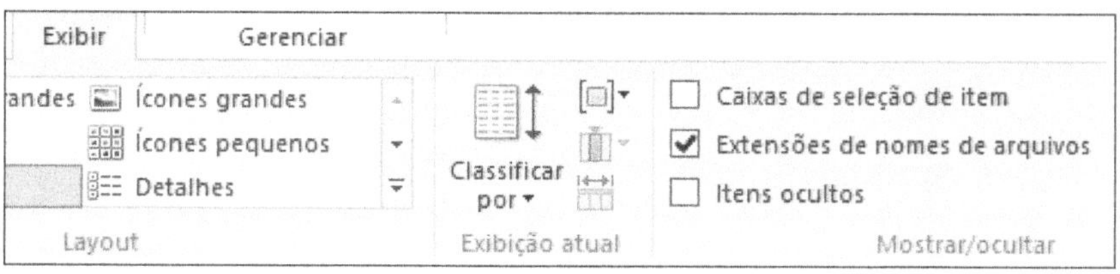

Imagem 5J – Mostras extensões

Pastas

A pasta nada mais é do que uma divisão criada num disco para facilitar a organização dos dados ali contidos.

Com as pastas, podemos dividir o disco em várias partes para facilitar a organização dos arquivos.

Assim como ficaria difícil procurar alguma coisa num local desorganizado, fica também muito difícil encontrar um arquivo entre os milhares de arquivos que um disco pode armazenar.

Criando uma pasta

Agora que já aprendemos como funciona o sistema de arquivos e pastas do Windows, vamos aprender a manipulá-los.

Siga as etapas:

1. Entre no programa Explorador de Arquivos.
2. Dê um clique sobre o Disco C:.
3. Em seguida clique em **Nova Pasta**, como mostrado na Imagem 5K.

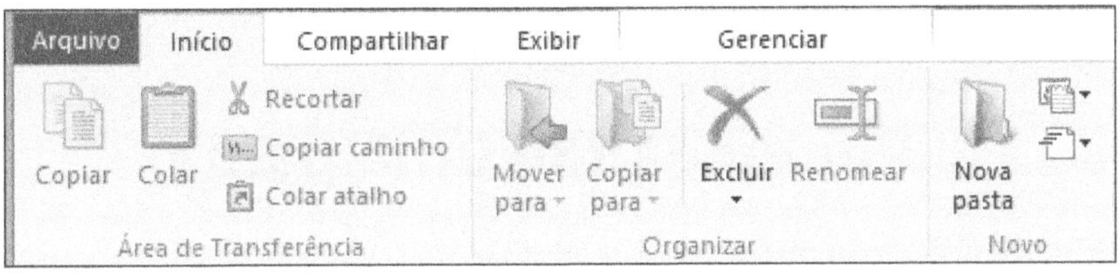

Imagem 5K - Nova Pasta

4. Será aberta uma Nova Pasta conforme Imagem 5L.

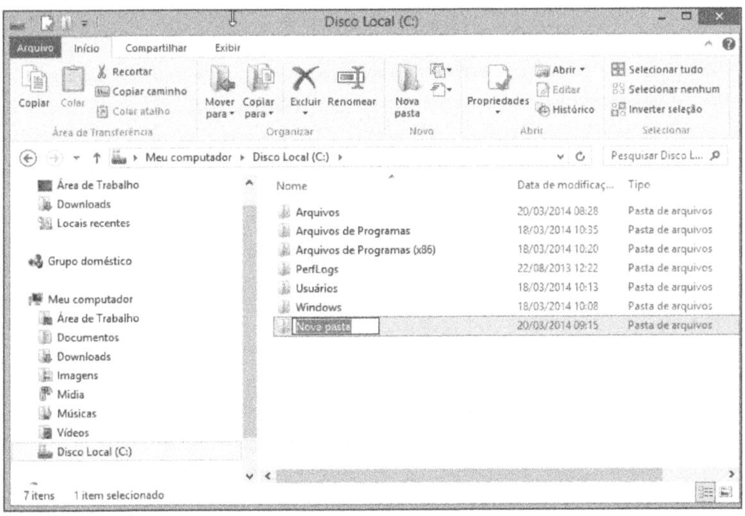

Imagem 5L - Nova Pasta

5. Dê à nova Pasta o nome Treino e pressione Enter.
6. Pressione Enter novamente para selecionar a pasta recém-criada.
7. Vá novamente ao botão Nova Pasta.
8. Digite o nome Windows 8, pressione **Enter** e veja o resultado. Clique duplo no disco C: e depois na pasta Treino, no painel esquerdo do Explorador, conforme Imagem 5M.

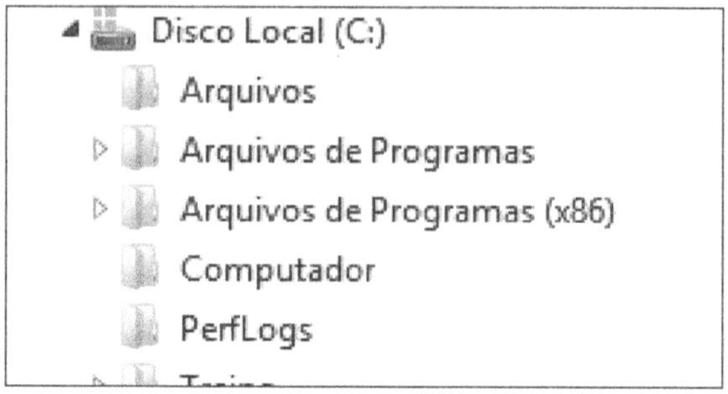

Imagem 5M - Pastas criadas

Renomeando uma pasta

1. Clique com o botão direito sobre a Pasta Treino e escolha a opção **Renomear**.
2. Digite o nome Computador e pressione Enter, conforme Imagem 5N.

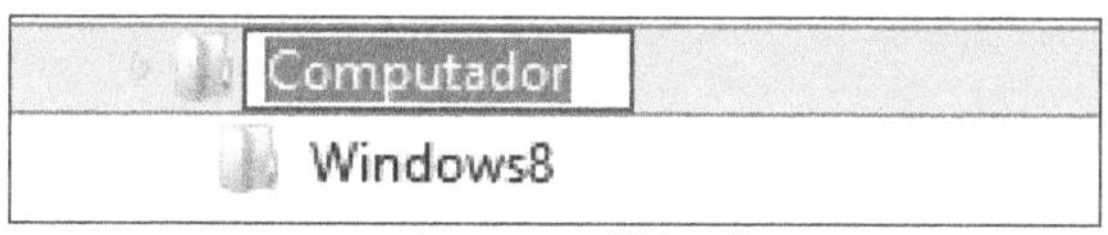

Imagem 5N - Renomear pasta

Excluindo uma pasta

A exclusão de uma pasta remove os arquivos e subdiretórios que estiverem dentro da mesma.

1. Clique sobre a pasta Windows 8 que você criou e pressione a tecla **Delete**.

Descompactando Arquivos de Exemplo

A partir deste ponto do livro, trabalharemos com a manipulação de arquivos. Para isso, é necessário que você efetue o download dos arquivos propostos no site da editora (www.altabooks.com.br), na seção downloads. Após efetuar o download do arquivo compactado, o mesmo estará por padrão na pasta **Downloads** de seu computador.

1. Depois de efetuado o download, abra o Explorador de Arquivos e selecione a pasta Downloads.
2. Clique com o botão direito do mouse sobre o arquivo Arquivos.zip e selecione a opção Extrair Tudo conforme Imagem 5O.

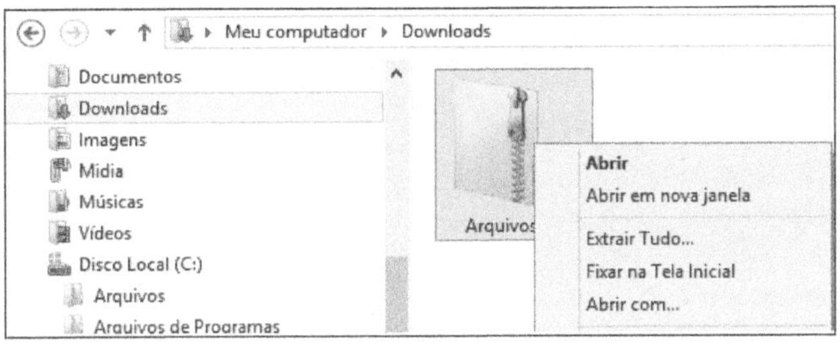

Imagem 5O - Extraindo arquivo

3. Na janela apresentada, deixe como exibido na Imagem 5P, para que o Windows descompacte os arquivos na pasta Arquivos no drive C:. Clique no botão Extrair.

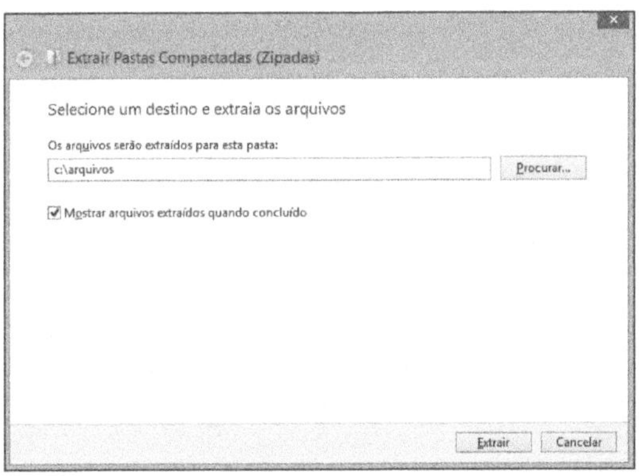

Imagem 5P -
Destino arquivos descompactados

4. O Windows descompactará os arquivos e abrirá uma nova janela do Explorador de arquivos com os mesmos descompactados, conforme Imagem 5Q. Um arquivo compactado, como o próprio nome diz, contém um ou mais arquivos que estão armazenados de maneira que ocupem menos espaço em disco, recurso muito utilizado principalmente quando os mesmos serão disponibilizados na internet, com o objetivo de diminuir o tempo de download.

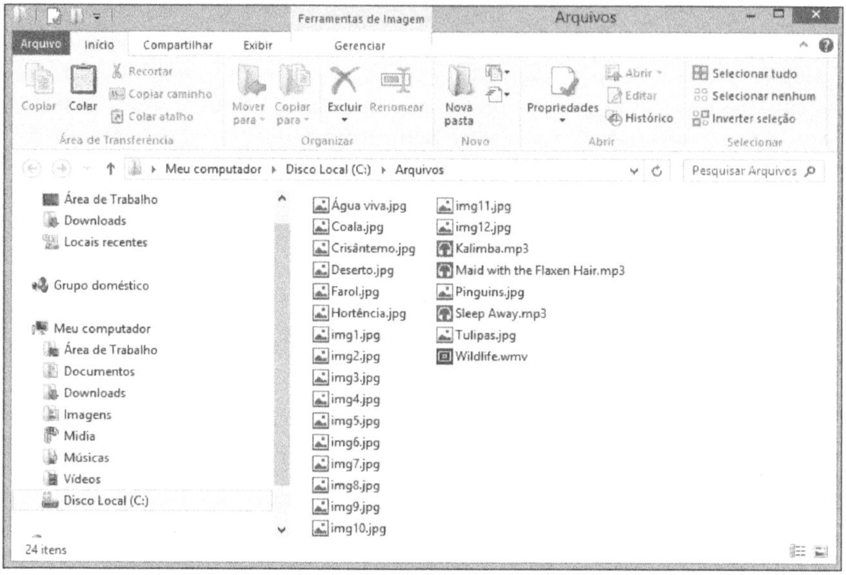

Imagem 5Q – Arquivos descompactados

Manipulando Arquivos

Agora que temos os arquivos de exemplo já descompactados na sua pasta, vamos entender como podemos manipular os arquivos no computador.

Selecionando múltiplos arquivos em sequência

1. Abra o explorador de arquivos e selecione a pasta **Arquivos** no drive C:
2. Clique no primeiro arquivo da pasta, pressione a tecla **Shift** e clique no último arquivo que você pretende selecionar, conforme Imagem 5R.

Imagem 5R – Arquivos selecionados em sequência

Selecionando múltiplos arquivos fora de sequência

1. Clique no primeiro arquivo, pressione a tecla **Ctrl** e clique em outros arquivos que você deseje selecionar, conforme Imagem 5S.

Imagem 5S – Arquivos selecionados fora de sequência

Copiando arquivos

A cópia de arquivos, tanto de uma pasta para outra quanto de um disco para outro, também é facilmente realizada por meio do Explorador de Arquivos.

Siga os passos:

1. Com o aplicativo Explorador de Arquivos aberto, clique na pasta Arquivos ou outra pasta na qual você tenha arquivos de exemplo.
2. Vamos copiar um arquivo para a pasta **Computador** que você criou anteriormente (caso você tenha apagado o diretório, crie novamente).
3. Na pasta Arquivos, clique sobre o arquivo Farol.jpg para selecioná-lo.
4. Selecione o botão Copiar (Imagem 5T) na barra de ferramentas, este procedimento copia o arquivo para a memória do computador.

Imagem 5T –
Copiar conteúdo selecionado para a memória

5. Selecione a pasta **Computador** e clique no botão **Colar** (Imagem 5U). Este procedimento busca o conteúdo da memória do computador e coloca dentro da pasta selecionada.

Imagem 5U –
Colar conteúdo da memória

Movendo arquivos

Para mover arquivos, os passos são bem semelhantes à maneira de copiar. A diferença é que ao mover um arquivo o mesmo vai desaparecer do local de origem, diferentemente da opção copiar, que mantém uma duplicata do arquivo no local de origem.

1. Clique na pasta Arquivos e selecione o arquivo img10.jpg.
2. Selecione o botão **Recortar** (Imagem 5V). Este procedimento move o arquivo selecionado para a memória do computador.

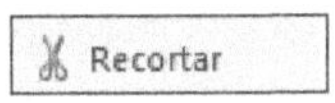

Imagem 5V – Move conteúdo selecionado para a memória

3. Selecione a pasta **Computador** e vá ao botão Colar (Imagem 5T).

Note que o arquivo foi para o diretório **Computador** e não se encontra mais na pasta **Arquivos**, conforme Imagem 5W.

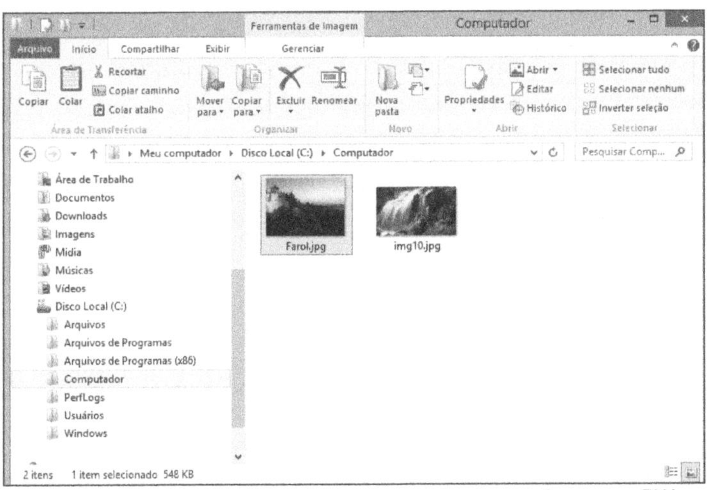

Imagem 5W – Arquivos manipulados

Excluindo Arquivos

Importante

> Aumente sua atenção ao testar os procedimentos de exclusão para não apagar nada essencial ao sistema operacional.

1. Clique na pasta **Computador**, selecione o arquivo Farol.jpg que está nela, pressione a tecla **Delete** ou **Del**.

Neste caso, os arquivos foram enviados para a Lixeira, onde poderão ser recuperados posteriormente. Caso você deseje apagar o arquivo definitivamente, utilize as teclas **Shift+Delete**, mas lembre-se que deste modo o arquivo não poderá ser recuperado.

Lixeira

A Lixeira funciona como uma rede de segurança quando arquivos ou pastas são excluídos. Quando você exclui qualquer um desses itens de seu disco rígido, o Windows coloca os mesmos na Lixeira, cujo ícone muda de vazio para cheio. Os itens removidos de um cartão, pen drive ou de uma unidade de rede são excluídos permanentemente e não são enviados para a Lixeira.

Os itens contidos na Lixeira permanecem nela até que você decida limpar a mesma permanentemente do computador, ou até que atinja a capacidade máxima e comece a excluir os arquivos mais antigos. Até a exclusão permanente, esses itens ainda ocupam espaço no disco rígido e podem ser restaurados para seu local original.

Se você tiver pouco espaço no disco rígido, lembre-se sempre de esvaziar a Lixeira. Também é possível restringir seu tamanho para limitar a quantidade de espaço ocupado no disco rígido.

Recuperando um Arquivo

1. Abra o aplicativo Lixeira, na área de trabalho, clicando duplo sobre a mesma, conforme Imagem 5X.
2. Selecione o arquivo Farol.jpg e escolha Restaurar os Itens selecionados na barra de ferramentas, conforme Imagem 5Y. Assim, o arquivo é restaurado para sua localização original.

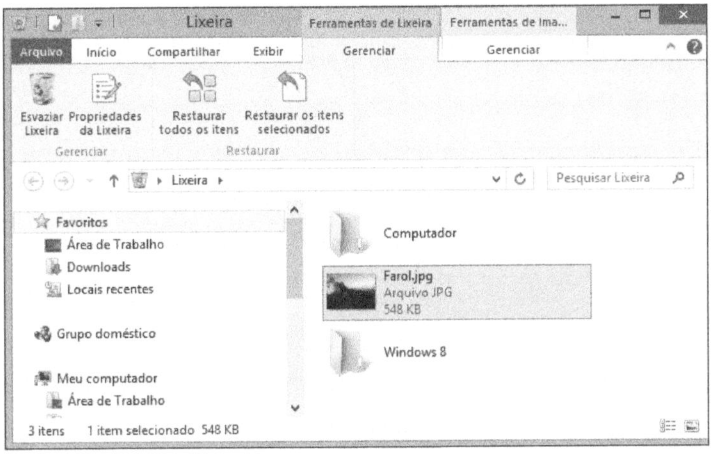

Imagem 5X - Conteúdo da Lixeira

5Y - Restaurar

Esvaziando a Lixeira

Para esvaziar a Lixeira, clique no botão Esvaziar Lixeira da Imagem 5X.

Tamanho da Lixeira

Você pode alterar o tamanho da Lixeira, pois muitas vezes o espaço em disco é muito escasso, ou talvez você deseje uma Lixeira maior como margem de segurança.

1. Clique com o botão direito do mouse sobre o aplicativo Lixeira na área de trabalho e escolha a opção Propriedades.
2. Na tela mostrada, conforme Imagem 5Z, você pode mudar o tamanho da Lixeira ou configurá-la para que não receba arquivos, ou ainda para que solicite confirmação nas exclusões.

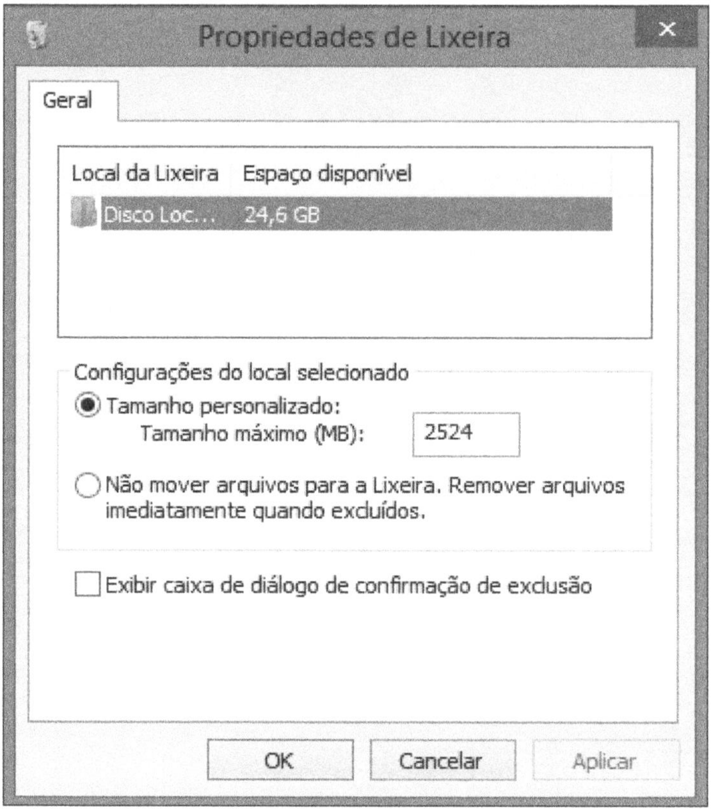

Imagem 5Z - Propriedades da Lixeira

Pesquisando Arquivos

O Windows oferece um utilitário para pesquisa de arquivos no computador. Com ele, você poderá procurar arquivos em todas as pastas do computador ou em um local restrito.

Você pode procurar os arquivos por nome, data de criação e modificação e conteúdo.

Veja como:

1. Abra o Explorador de Arquivos, clique na caixa **Pesquisa** no lado direito superior, digite Farol.jpg e pressione **Enter**, conforme Imagem 5Aa.

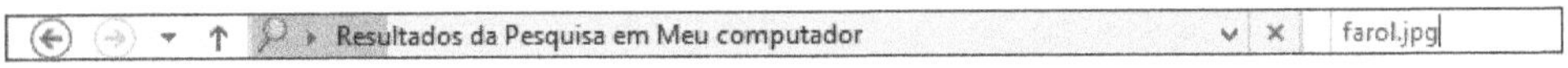

Imagem 5Aa – Localizar arquivo

2. O Windows localizará o arquivo desejado, conforme Imagem 5Ab.

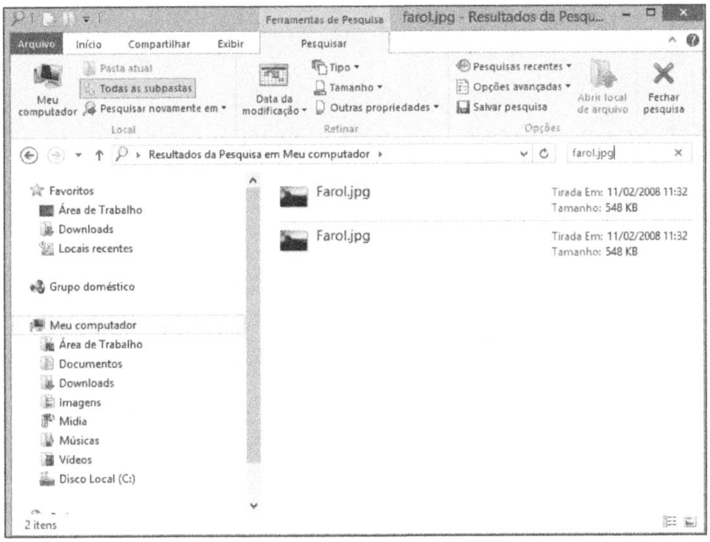

Imagem 5Ab – Arquivos localizados

Você poderá ainda localizar arquivos a partir de parte do nome ou extensão.

3. Clique novamente na área de pesquisa e digite jpg e tecle **Enter**, conforme Imagem 5Ac.

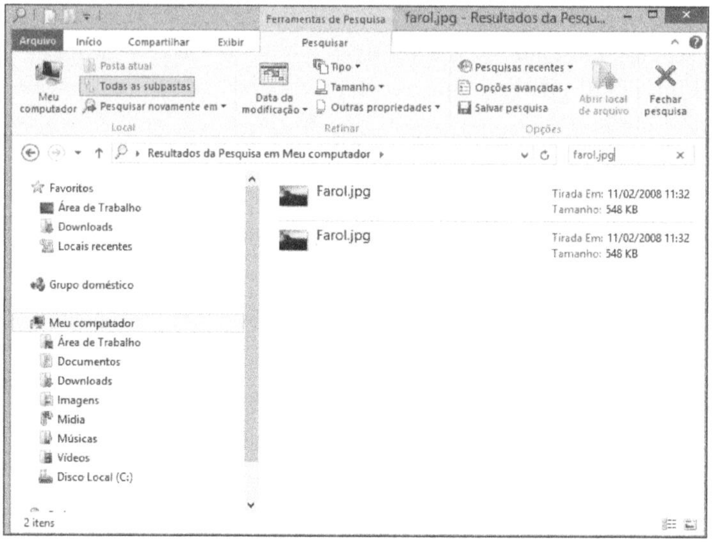

Imagem 5Ac –
Arquivos localizados pela extesão ou parte do nome

Utilizando a barra de ferramentas acima da caixa de pesquisa, você poderá refinar a pesquisa dos arquivos com opções para determinar o tipo do arquivo (foto, texto etc.), a data de modificação, ou até mesmo seu tamanho.

FIXANDO O APRENDIZADO

1) No explorador de arquivos abra a pasta Arquivos e mude a visualização para ícones médios.
2) Mude a visualização para detalhes.
3) Oculte a exibição da extensão dos arquivos.
4) Coloque os arquivos no modo lista.
5) Ative a visualização das extensões dos arquivos.

6) Crie pastas dentro da pasta Downloads para que fique como mostrado na Imagem 5Exer-A (você pode usar outra Pasta qualquer de trabalho caso não tenha a Amostra de Imagens).

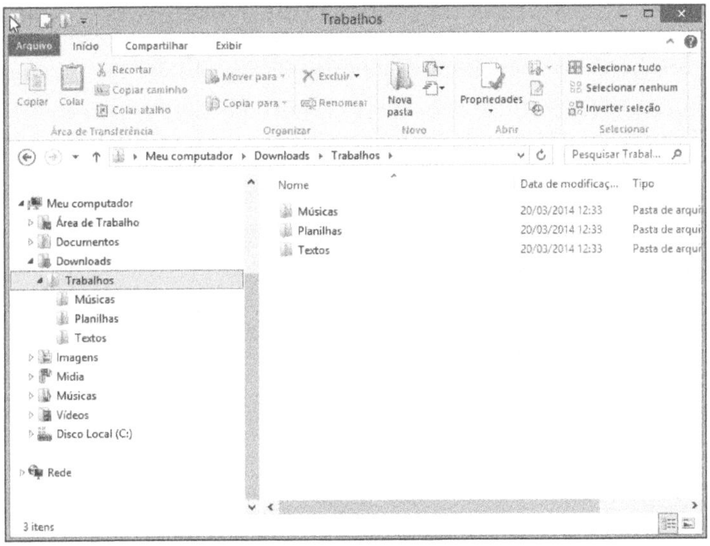

Imagem 5Exer-A – Criação de pastas

7) Copie todos os arquivos da pasta Arquivos para a pasta Textos.
8) Copie todos os arquivos da pasta Textos para a pasta Planilhas.
9) Copie os arquivos Crisântemo.jpg, Deserto.jpg e Pinguins.jpg da pasta Textos para a pasta Músicas de uma só vez.
10) Apague o arquivo Pinguins.jpg e Deserto.jpg da pasta Textos de uma só vez.
11) Mova o arquivo Coala.jpg da pasta Textos para a pasta Trabalhos.
12) Recupere o arquivo Pinguins.jpg da Lixeira.
13) Troque o nome da pasta Textos para Documentos.
14) Troque o nome da pasta Músicas para Sons.
15) Apague o arquivo Água Viva.jpg da pasta Documentos.
16) Limpe a Lixeira.
17) Apague todos os arquivos e pastas da pasta Trabalhos.
18) Pesquise no drive C: todos os arquivos com o termo doc.
19) Pesquise no computador os seguintes arquivos: win.ini, write.exe.

20) Pesquise todos os arquivos do tipo vídeo de seu computador.

21) Localize todos os arquivos criados no último mês em seu computador.

22) Pesquise todos os arquivos que tenham a sequência Perfomance no nome.

23) Pesquise todos os arquivos de imagem do computador.

24) Procure todos os documentos criados ou modificados no ano passado.

25) Limpe a Lixeira.

Capítulo VI

Painel de Controle

O Painel de Controle é utilizado para personalizar seu sistema. Nele, você poderá trocar imagens de fundo da área de trabalho, proteção de tela, velocidade do mouse e do teclado, entre outras opções.

Siga os passos para alterar as configurações:

1. Clique com o botão direito do mouse sobre o ícone da **Janela do Windows** na área de trabalho, ou use a lupa no ambiente Metro e digite **painel de controle** conforme Imagem 6A.

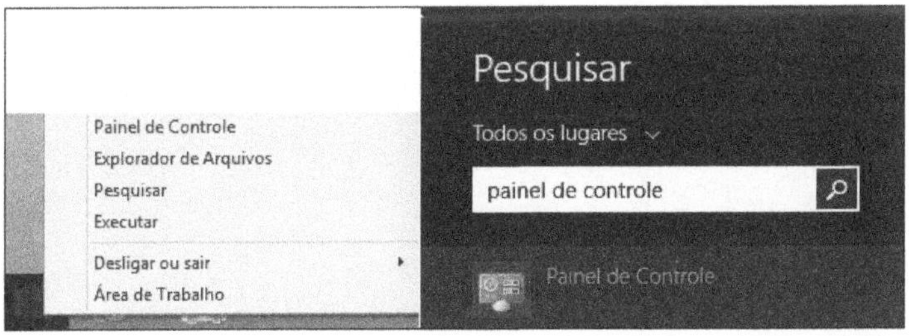

Imagem 6A - Abrir Painel de Controle

2. A tela da Imagem 6B será exibida.

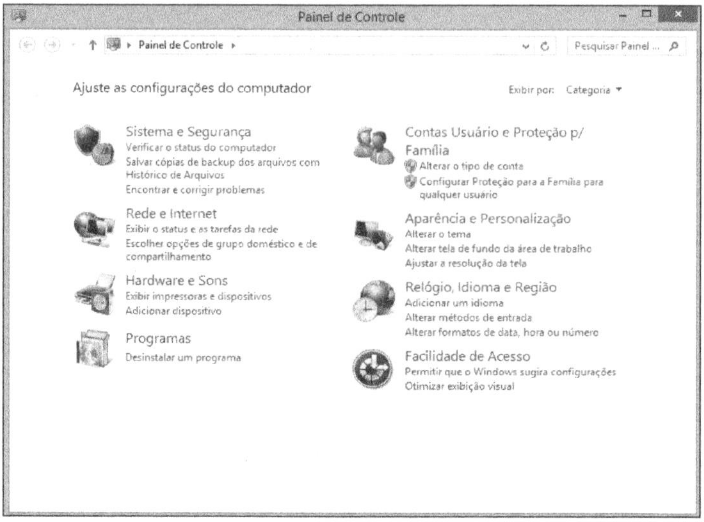

Imagem 6B

3. Altere o modo de exibição para Ícones grandes o modo de exibição em **Exibir por,** conforme Imagem 6C.

Imagem 6C – Exibição modo Ícones grandes

Mouse

Neste item, você pode mudar as configurações do mouse. Clicando nele, a caixa de diálogo será exibida, conforme Imagem 6D. Note que ela contém cinco guias: **Botões**, **Ponteiros**, **Opções de Ponteiro**, **Roda** (esta opção só aparece caso seu mouse tenha o botão de rolagem) e **Hardware**.

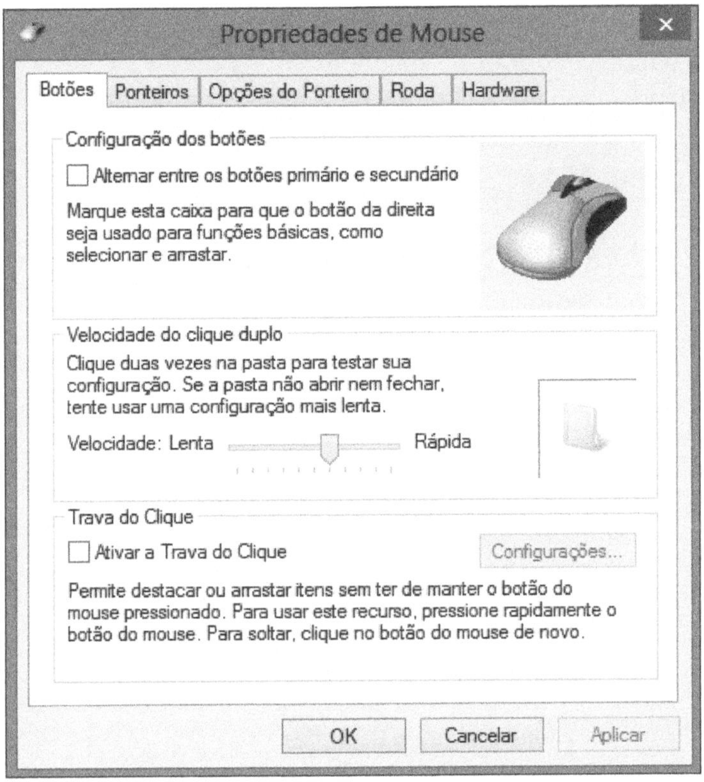

Imagem 6D – Opções do mouse

Botões

Na guia botõesm, você poderá inverter os botões do mouse, recurso útil para canhotos, e, também poderá controlar a velocidade do clique duplo.

Ponteiros

Clique na guia **Ponteiros** para abrir a caixa de diálogo, como exibida na Imagem 6E.

Você verá uma lista dos ponteiros de mouse que o Windows poderá apresentar quando estiver ocupado, ou trabalhando em um aplicativo especial, como um programa de desenho.

Pode-se alterar os ponteiros abrindo arquivos especiais de cursor. Você encontrará uma boa coleção no diretório C:\WINDOWS\CURSORS, ou então escolher um Esquema pré-selecionado.

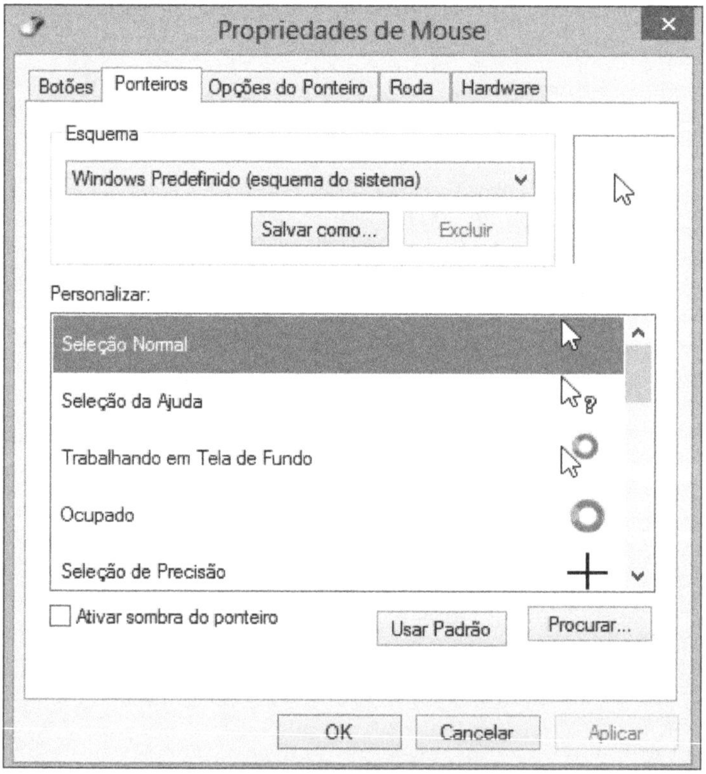

Imagem 6E – Opções de ponteiro do mouse

Opções de Ponteiro

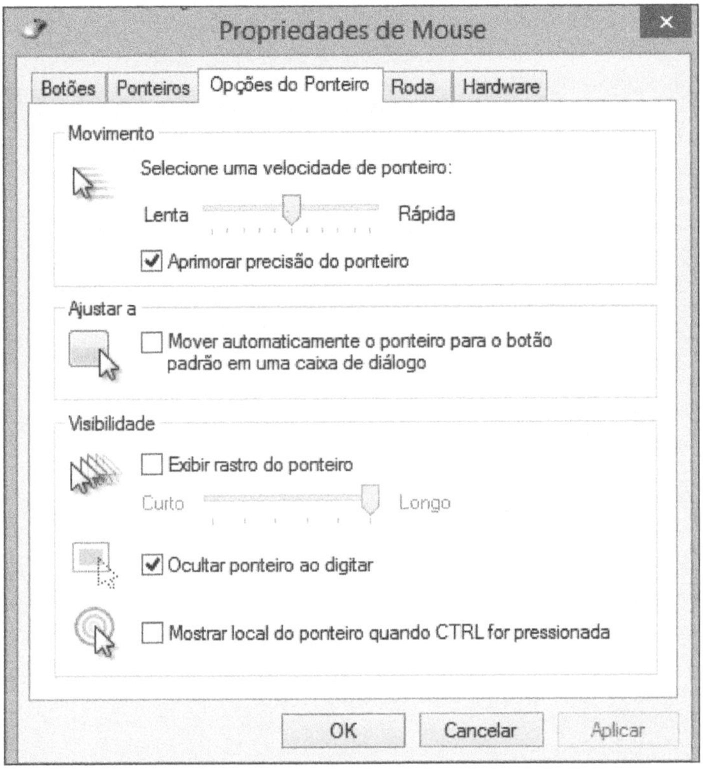

Imagem 6F – Opções do ponteiro do mouse

- Velocidade de Ponteiro: na caixa Movimento, desloque o botão da seta para a esquerda ou para a direita para mudar a rapidez que o ponteiro do mouse se movimenta quando você o desloca. Clique no botão **Aplicar** para testar as suas alterações. Se você for um usuário principiante, use uma velocidade baixa até se acostumar com o mouse.
- Rastro do Ponteiro: se você tiver dificuldade em acompanhar a trajetória do ponteiro do mouse, desloque o botão de seta Rastro do mouse para o lado Curto. Isto cria uma "esteira" de ponteiros que demora a desaparecer e segue o ponteiro do mouse na tela.

Teclado

Clique no ícone **Teclado**, no Painel de Controle, para mudar as características do seu teclado.

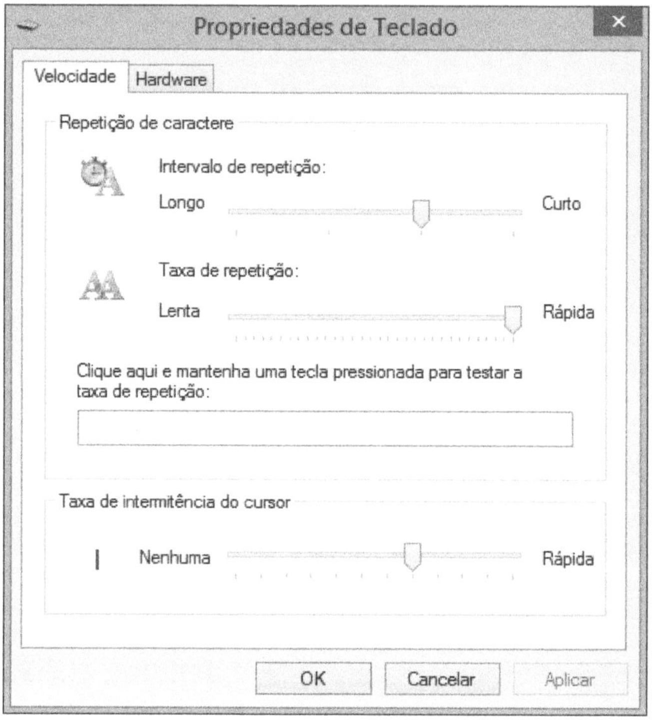

Imagem 6G – Teclado

- Intervalo de Repetição: muda o período de tempo pelo qual o usuário tem que pressionar uma tecla até o caractere se repetir. Desloque o botão da seta no campo Intervalo de repetição entre Longo e Curto.
- Taxa de Repetição: para mudar a rapidez com que os caracteres são repetidos quando uma tecla é mantida pressionada, desloque o botão da seta no campo Taxa de repetição entre Lenta e Rápida.
- Taxa de Intermitência do Cursor: para mudar a velocidade de intermitência do cursor, clique e arraste o botão de seta no campo Taxa de intermitência do cursor. O cursor à esquerda muda a velocidade de intermitência conforme você muda o controle deslizante.

Personalização

Há muitas maneiras de personalizar sua área de trabalho. Você pode mudar a cor de fundo , acrescentar uma imagem ao fundo ou ainda mudar a resolução da tela.

Você pode acessar a caixa de diálogo para mudar a área de trabalho e a tela de duas maneiras:

1. Clique no ícone Personalização no Painel de Controle.
2. Clique com o botão direito em uma parte vazia da área de trabalho, depois escolha Personalizar no menu exibido na Imagem 6H.

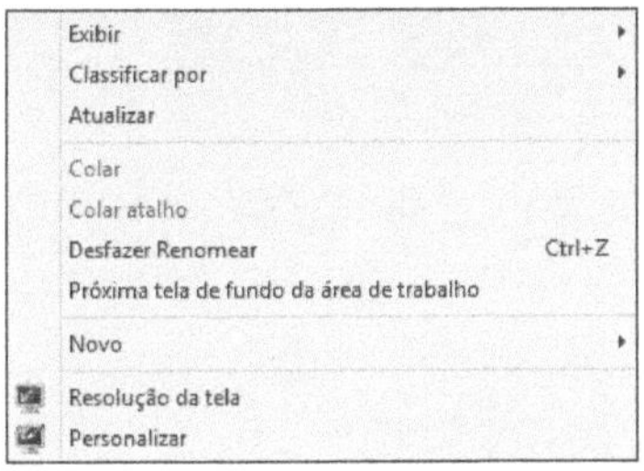

Imagem 6H

Temas

Os temas definem a aparência geral de seu ambiente de trabalho, como fundo de tela, ícones, ponteiros do mouse, entre outras configurações. Você poderá, inclusive, colocar o Windows 8.1 com a mesma aparência do Windows 7, Windows Vista, XP ou 98. Este é um recurso útil quando há pouca memória no computador, pois os temas acrescentam ou retiram efeitos de aparência que, por sua vez, ocupam um considerável espaço da memória do sistema.

Veja na Imagem 6I algumas opções de temas já existentes no Windows como Linhas e cores e Flores. Outras opções que você encontra são utilizadas por pessoas com dificuldade na visualização dos itens na tela, como o padrão alto-contraste, e sempre resta a opção de clicar no link Obter mais temas online e baixar um tema do site da Microsoft.

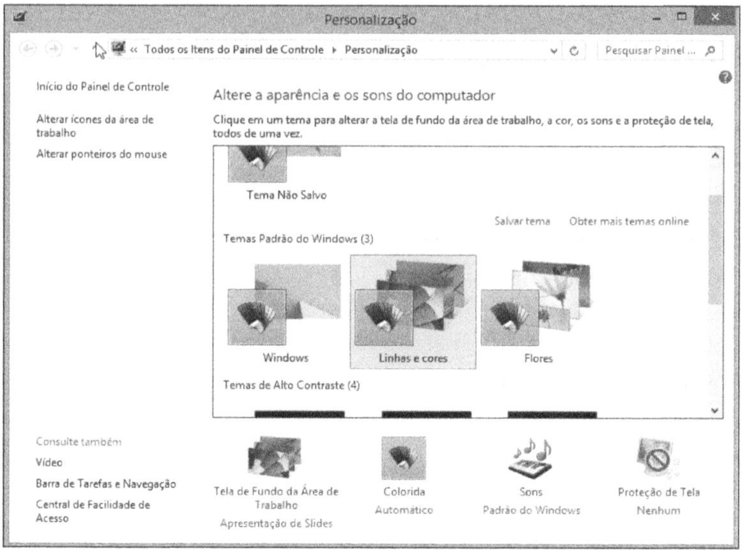

Imagem 6I – Opções de tema

Área de Trabalho

No ícone **Tela de Fundo,** da área de trabalho, você poderá escolher uma imagem de fundo para o Windows (papel de parede), como mostra a Imagem 6J.

Imagem 6J – Opções de tela de fundo

1. Escolha uma das figuras na opção plano de fundo e clique em salvar alterações para verificar o resultado em sua área de trabalho.

Você poderá, ainda, definir que as imagens do plano de fundo sejam alternadas, automaticamente, respeitando um intervalo de tempo entre a troca de imagem.

Para isso, siga os passos:

1. Ative a opção **Selecionar Tudo**.
2. Em **Alterar Imagem** a Cada escolha 5 minutos e ative a opção **Ordem Aleatória**, então clique no botão **Salvar Alterações** para observar o resultado. Veja na imagem 6K.

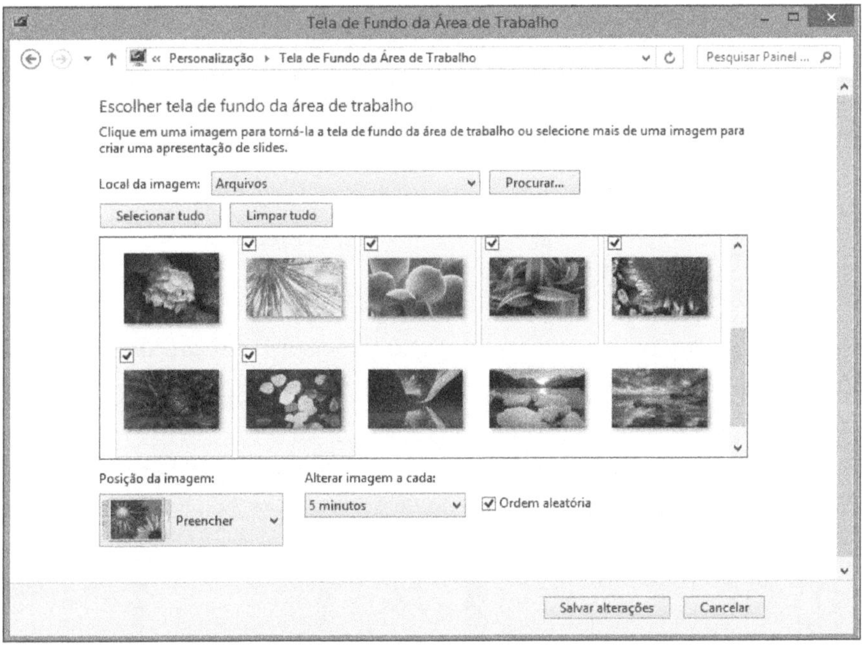

Imagem 6K – Troca de tela de fundo

No ícone **Alterar ícones,** da Área de Trabalho, você pode determinar quais ícones aparecerão na área de trabalho e trocar os ícones de programas como Lixeira e Computador, conforme exibido na Imagem 6L.

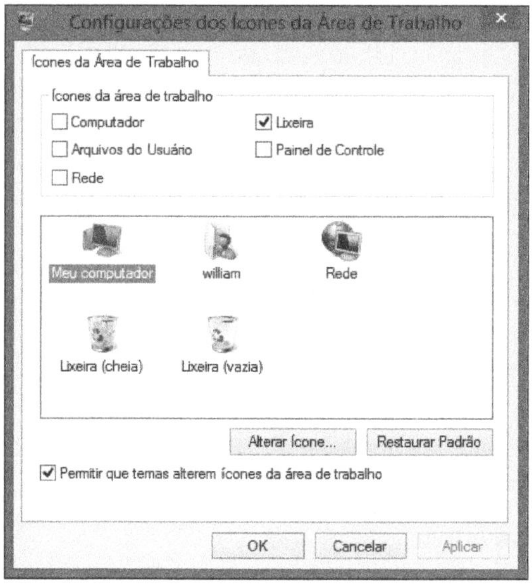

Imagem 6L – Alterar ícones

Proteção de Tela

Para definir uma proteção de tela, clique no ícone **Proteção de Tela**, e a tela da Imagem 6M será exibida.

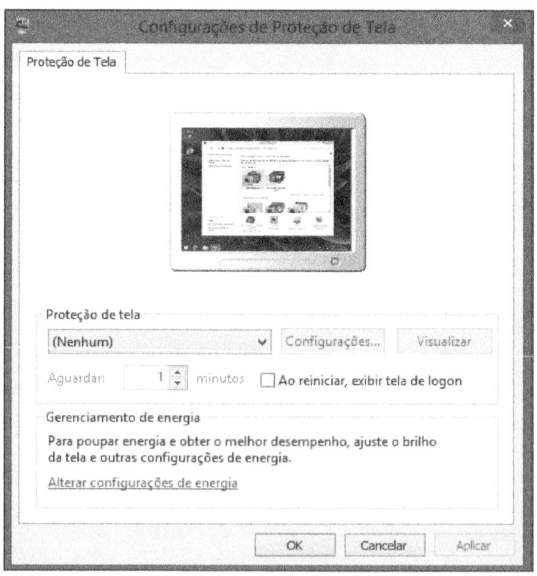

Imagem 6M – Opções de proteção de tela

Para utilizar um protetor de tela, siga os passos:

1. Clique na opção **Proteção de tela** e escolha o tipo Texto 3D.
2. Para mudar a mensagem exibida, clique em **Configurações** e digite a mensagem conforme Imagem 6N.

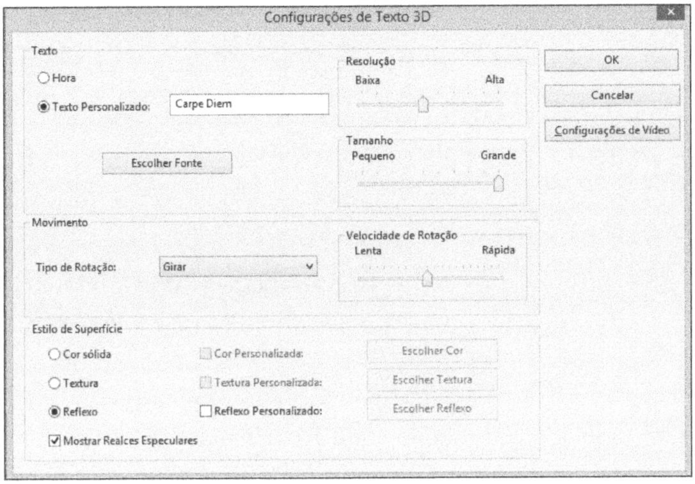

Imagem 6N - Configurações de proteção de tela

3. Clique na opção **Escolher Fonte** para alterar a fonte para Times New Roman, como na Imagem 6O.

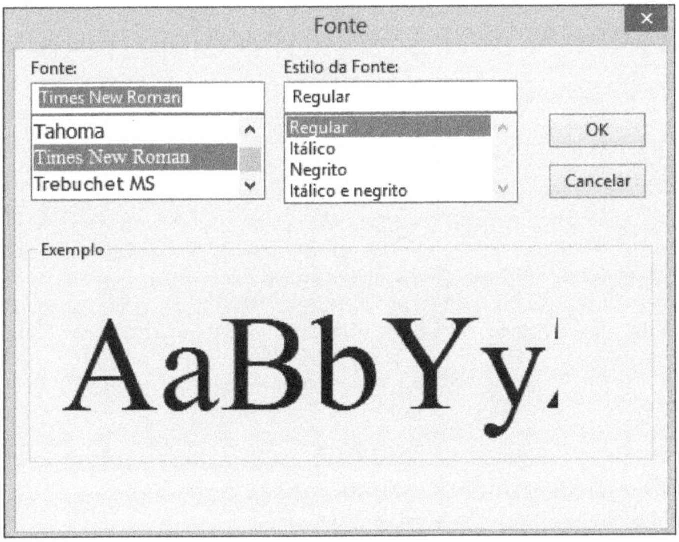

Imagem 6O - Opções de fonte

4. Clique em OK, altere a cor de fundo e, a velocidade a seu gosto e clique em OK.
5. De volta à personalização de proteção de tela, clique no botão Visualizar para testar a proteção de tela.
6. Determine também o tempo que o sistema deverá aguardar para ativar a proteção de tela.

Teste outras opções de Proteção de Tela.

FIXANDO O APRENDIZADO

1) Inverta os botões do mouse.
2) Mude a velocidade do duplo clique para lenta.
3) Volte os botões do mouse para o modo padrão.
4) Mude a velocidade do duplo clique para rápida.
5) Mude a velocidade do ponteiro do mouse para lenta.
6) Coloque o ponteiro para exibir rastro durante o movimento.
7) Altere para curto o intervalo da repetição do teclado.
8) Coloque como papel de parede o arquivo Pinguis.jpg da pasta Arquivos.
9) Mude o tema para Windows Flores.
10) Volte a velocidade do clique duplo e do ponteiro para normal e desative o rastro do mouse.
11) Coloque o tema Linhas e Cores.
12) Aumente a velocidade da intermitência do cursor.
13) Crie um protetor de tela com a frase "Eight – Oito Vezes Melhor".
14) Mude o protetor de tela para Bolhas.

Capítulo VII

Trabalhando Conectado

Até agora abordamos aspectos e aplicativos do Windows 8.1 que podem ser utilizados e alterados independentemente do uso de conexões à internet. Porém, em um mundo conectado, é interessante, e muitas vezes necessário, que nossas informações estejam disponíveis online na nuvem; dados como fotos, documentos, planilhas, e-mails e agenda de compromissos, entre outras informações.

A nuvem nada mais é do que a possibilidade de manter e gerenciar informações online de maneira segura e fazer acesso a estas através do computador, celular, tablet, televisão ou qualquer outro dispositivo conectado à rede.

No Windows 8.1, o processo de envio e sincronização de informações com a nuvem é especialmente simples, já que é disponibilizado através de uma conta Microsoft, um espaço para armazenar estas informações. Este serviço é conhecido como Skydrive, que disponibiliza 7 GB de forma gratuita para seus usuários. Caso você possua um smartphone com o sistema Microsoft Windows Phone, este espaço aumenta para 20 GB. Ainda existe a possibilidade de aumentar esta capacidade através da compra de pacotes, permitindo que todas as suas informações fiquem online como forma de facilitar o acesso e também prover segurança, já que este serviço oferece poderosos sistemas de backup e proteção.

Conta Microsoft

O primeiro passo antes de prosseguir com os aplicativos que fazem o uso dos recursos da nuvem é verificar se seu computador já se encontra com uma conta Microsoft ou com uma conta local. Mas lembre-se: os próximos passos só necessitam ser executados se você ainda não estiver utilizando uma conta online Microsoft.

Siga os passos:

1. No ambiente do Metro no canto superior direito da tela, clique no seu usuário e escolha a opção **Mudar imagem da conta**, conforme Imagem 7A.

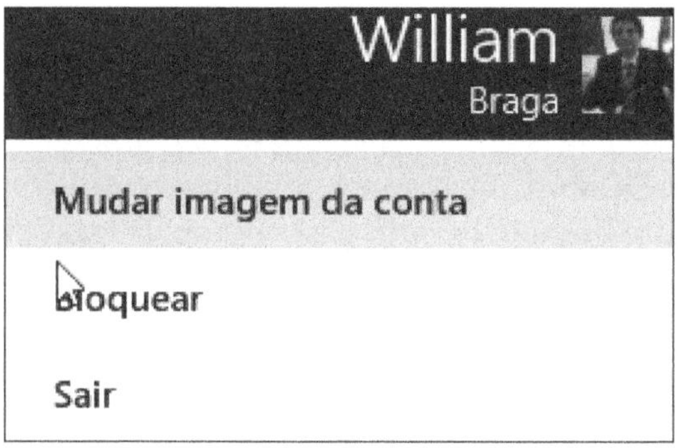

Imagem 7A

2. Na tela que aparece com as informações de sua conta verifique se ela se encontra como conta local (Imagem 7B). Caso sua conta já esteja no padrão Conta Microsoft, os serviços online já funcionarão, porém, vale ressaltar que o e-mail exibido é o da conta, onde as informações serão atualizadas. Então, caso o e-mail exibido não seja o da sua conta, é recomendável utilizar a opção **Outras Contas** na mesma tela e criar um usuário para seu uso particular, bastando para tanto clicar em Outras Contas e adicionar uma nova conta.

A criação de outra conta gerará um ambiente de usuário totalmente novo, ou seja, configurações que por ventura você tenha realizado na conta do usuário atual permanecerão no usuário atual e você terá um novo para trabalho.

1. Levando em conta que você esteja com uma conta local, clique na opção **Conectar à Conta Microsoft** conforme, Imagem 7B.

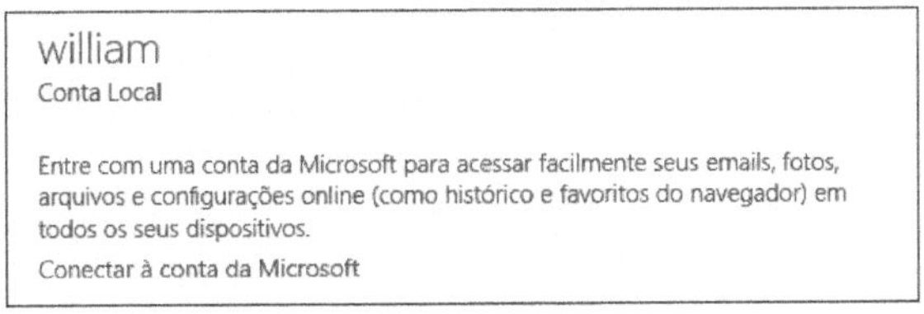

Imagem 7B – Conta em formato local

2. O Windows solicitará a senha atual para prosseguir, digite e clique em Avançar, conforme Imagem 7C.

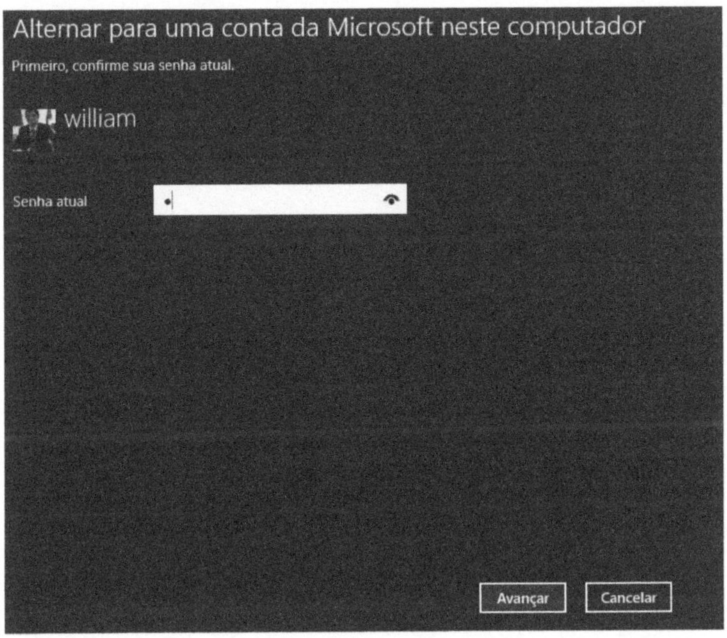

Imagem 7C – Confirmação de senha

3. Na próxima tela, você deverá informar uma conta Microsoft válida. Caso não possua, clique na opção **Criar conta** e preencha os dados conforme solicitado; caso já tenha um e-mail válido, digite o conforme Imagem 7D e clique em avançar.

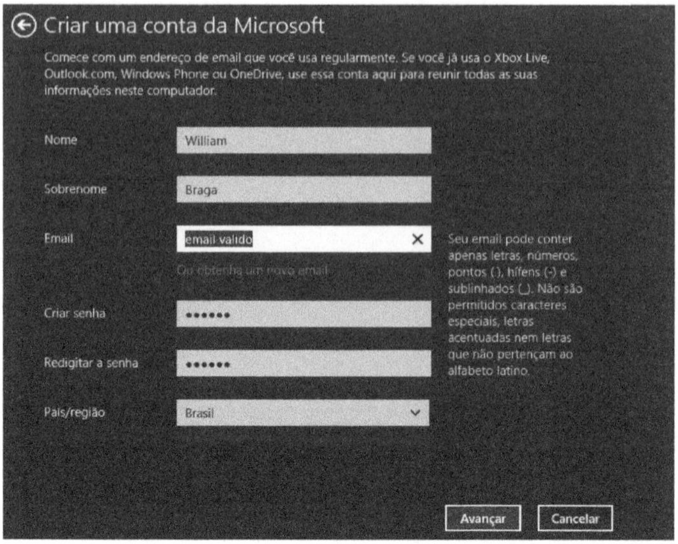

Imagem 7D – Criando conta

4. No próximo passo, você deverá passar informações de segurança. É importante que preencha estes dados com informações reais, pois eles serão solicitados caso você tenha algum problema com sua conta posteriormente. Clique em **Avançar** ao chegar à tela da Imagem 7E.

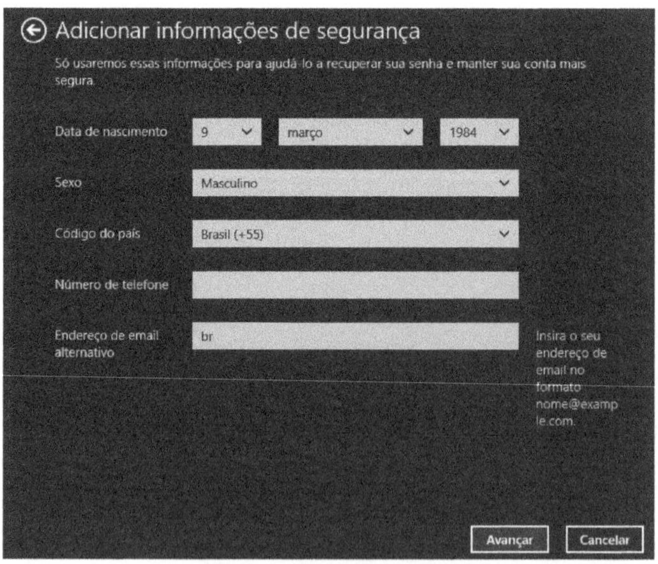

Imagem 7E – Informações de segurança

5. No próximo passo, você deverá confirmar as informações digitando o texto exibido, optando ou não por receber e-mails promocionais e colaborar com a Microsoft. Digite as informações conforme mostra a Imagem 7F e clique em avançar.

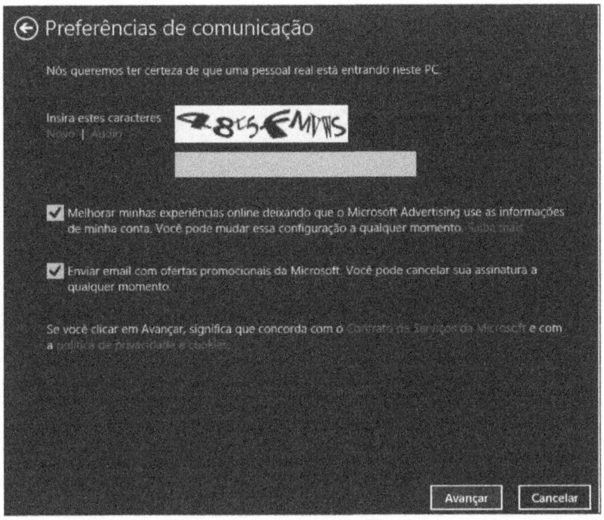

Imagem 7F – Confirmação

6. No próximo passo, você deverá confirmar o e-mail para que receba o código de ativação. Digite o e-mail, conforme Imagem 7G, e clique em avançar.

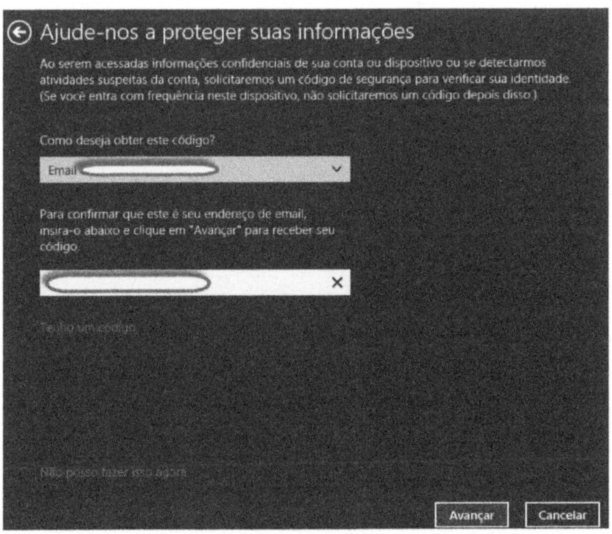

Imagem 7G – Confirmar e-mail

7. Neste momento, a Microsoft enviará um código para o e-mail que você cadastrou. Sendo assim, confira seu e-mail e volte a esta tela para digitar o referido código. Lembrando que você poderá manter esta tela e alternar para outros programas abertos usando o comando **Alt + Tab**, conforme mostrado anteriormente neste livro. Digite o código na tela exibida na Imagem 7H e clique em avançar.

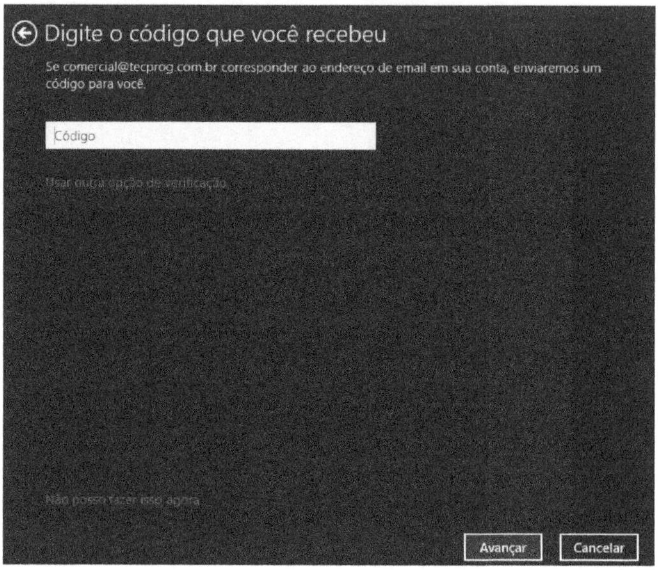

Imagem 7H – Código de ativação da conta Microsoft

8. No próximo passo, o sistema mostrará informações sobre o SkyDrive; apenas clique em avançar. Na tela seguinte, clique no botão Alternar para entrar com a nova conta criada, conforme Imagem 7I.

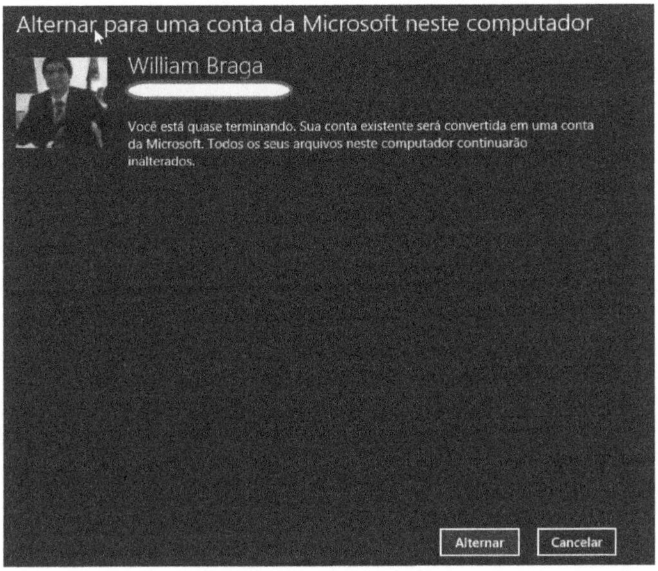

Imagem 7I – Confirmação de conta criada

Note que o Windows retorna à tela de contas e, agora, em vez de exibir conta local, mostra o e-mail que você utilizou como conta Microsoft.

Skydrive

Depois de criada a conta Microsoft, vamos agora jogar algumas informações na nuvem para que fiquem armazenadas e disponíveis no ambiente online e possam ser acessadas por outros dispositivos.

Siga os passos:

1. Usando os conhecimentos adquiridos anteriormente no livro, abra a área de trabalho e o explorador de arquivos.
2. Abra a pasta Arquivos com os exemplos que foram baixados do site.
3. Selecione os arquivos Água viva.jpg, Coala.jpg e Hortência.jpg (Imagem 7J) e copie os três para a pasta Imagens, dentro de Meu computador.

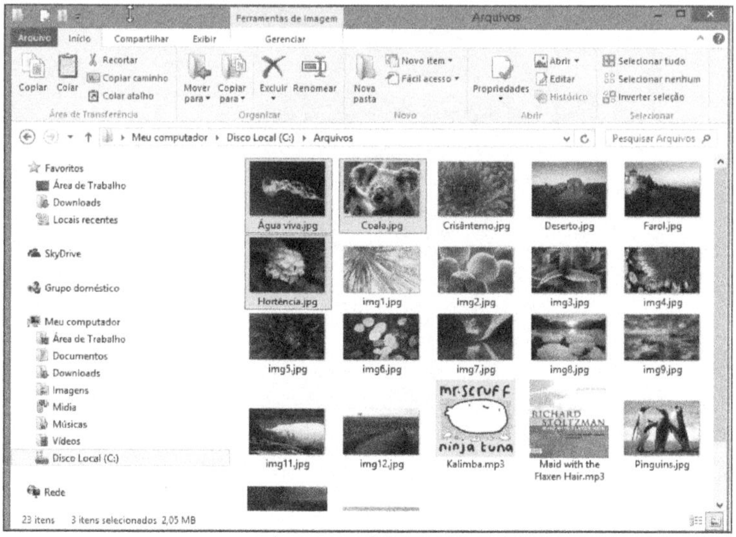

Imagem 7J – Copiando imagens exemplo

4. Volte ao ambiente Metro, abra o aplicativo SkyDrive, conforme Imagem 7K. Caso o bloco para abrir o aplicativo não esteja presente, crie-o, ou utilize a lupa do canto direito da tela para localizá-lo.

Imagem 7K – SkyDrive

5. Na tela aberta clique com o botão direito do mouse na área vazia e selecione a opção **Adicionar arquivos**, conforme Imagem 7L.

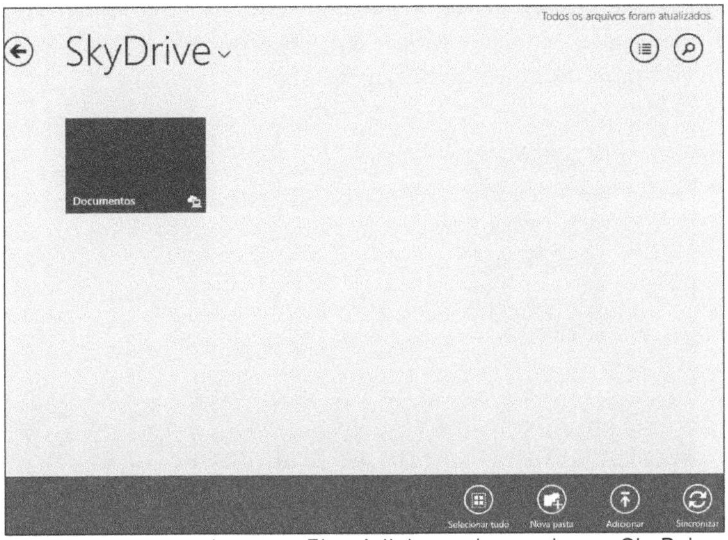

Imagem 7L – Adicionando arquivo ao SkyDrive

6. Na nova tela, selecione a pasta Imagens e marque as imagens copiadas para ela. Depois, clique em **Copiar** para o SkyDrive, conforme Imagem 7M.

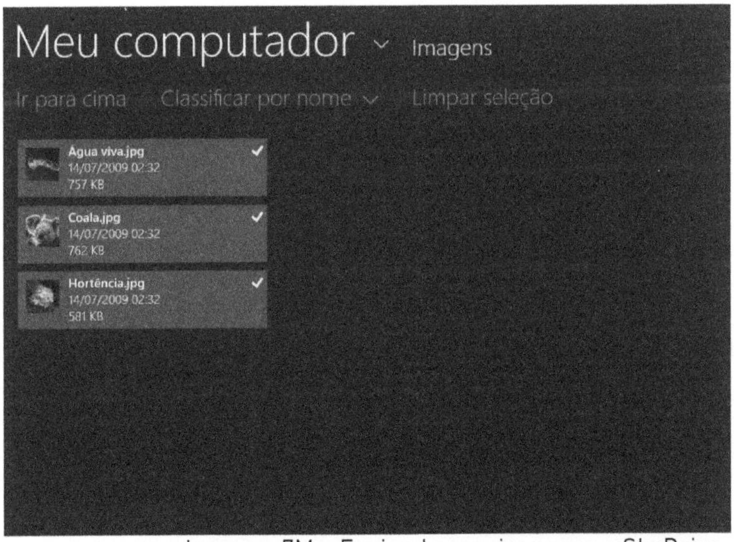

Imagem 7M – Enviando arquivos para o SkyDrive

Depois de realizar os procedimentos acima, o Windows enviará os arquivos para a nuvem do SkyDrive. Vale ressaltar que o tempo de envio das imagens depende da velocidade da conexão de internet que você trabalha.

Dentro do aplicativo SkyDrive, fazendo uso do botão direito do mouse, você poderá criar pastas, copiar, mover e apagar arquivos, bem como sincronizá-los com seu computador, conforme Imagem 7N.

Imagem 7N – Opções para manipulação de arquivos no SkyDrive

FIXANDO O APRENDIZADO

1) Crie uma pasta no SkyDrive com o nome de Imagens.
2) Envie os arquivos Deserto.jpg e Farol.jpg para a pasta Imagens criada.
3) Crie uma pasta no SkyDrive com o nome de Músicas.
4) Envie o arquivo Kalimba.mp3 para a pasta Músicas criada.

Capítulo VIII

Aplicativos Metro

No capítulo anterior, foi demonstrado como colocar o Windows 8.1 para trabalhar de maneira integrada com os recursos de internet. Agora veremos alguns aplicativos nativos que fazem uso dos recursos de internet e a atualização dinâmica de dados.

Loja – Windows Store

O aplicativo Loja foi desenhado para concentrar toda uma gama de aplicativos que podem ser instalados em seu sistema operacional. Muitos deles são gratuitos e outros exigem pagamento. Esses aplicativos podem facilitar o uso do seu computador, apresentando novas possibilidades para você realizar suas tarefas e se divertir. O Windows 8.1 e o Windows RT 8.1 vêm com aplicativos internos que lhe ajudam socializar, manter contato com as pessoas, compartilhar e exibir documentos, organizar fotos, ouvir músicas e assistir a filmes, mas você pode encontrar ainda mais aplicativos na Windows Store.

Siga os passos a seguir para instalar um novo aplicativo no seu Windows:

1. No ambiente Metro, clique no bloco **Loja** ou, caso não tenha o mesmo na tela, use o recurso da lupa no canto superior ou inferior direito da tela para digitar **Loja**, como exibido na Imagem 8A.

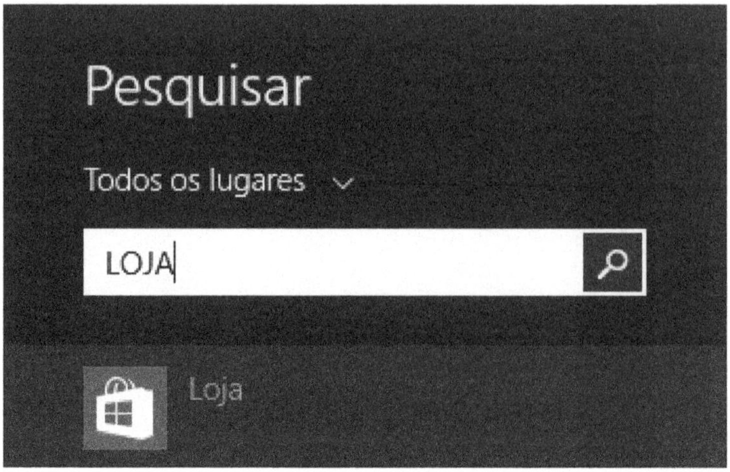

Imagem 8A – Abrindo Windows Store

2. Como exibido na Imagem 8B, o Windows exibe uma série de sugestões para instalação no sistema, bem como mostra uma caixa com categorias de aplicativos.

Imagem 8B – Windows Store

3. Clique na caixa Pesquisar aplicativos e digite fotor, como mostra a Imagem 8C, e pressione **Enter**.

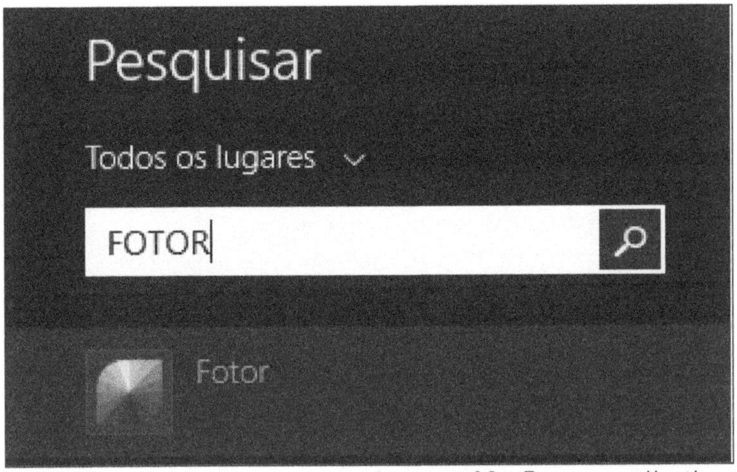

Imagem 8C - Procura aplicativo

4. É exibida uma descrição do aplicativo conforme Imagem 8D. Clique no botão **Instalar**.

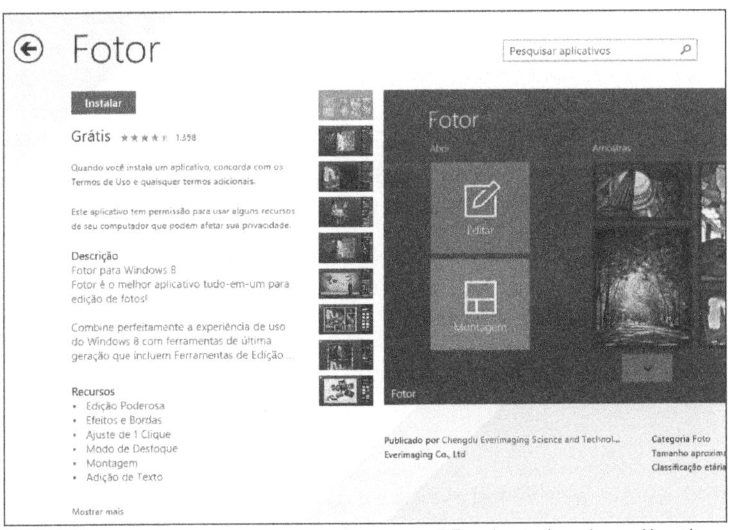

Imagem 8D – Instalando aplicativo

5. O aplicativo será instalado e o Windows exibirá uma mensagem de sucesso, conforme Imagem 8E.

Imagem 8E- Aplicativo instalado

Importante

O aplicativo usado no exemplo pode não estar disponível quando você for realizar o teste, já que a Windows Store muda constantemente. Portanto, fique livre para instalar outro aplicativo como exemplo. A velocidade de instalação depende da conexão de internet utilizada.

6. Depois de instalado você poderá criar um bloco na tela inicial para abrir o aplicativo, conforme mostra Imagem 8F.

Imagem 8F – Aplicativo instalado

Removendo Aplicativo do Computador

Caso você queira desinstalar o aplicativo instalado anteriormente, siga os passos:

1. Clique com o botão direito do mouse no bloco do aplicativo instalado.
2. Na barra de ferramentas que aparecerá na parte inferior da tela, clique na opção desinstalar, conforme mostra a Imagem 8G.

Imagem 8G - Desinstalar aplicativo

Clima

O aplicativo de Clima ajuda você a se preparar para as condições do tempo com previsões de hora em hora (para as 24 horas seguintes), e por dia (para os 10 dias à frente). O aplicativo traz lindas imagens, mapas climáticos e pode ser facilmente configurado para mostrar como está o tempo nos lugares mais importantes para você.

Recursos do aplicativo:

- Clima Local: acesse rapidamente previsões por hora e para 10 dias de diversas fontes confiáveis, além de médias históricas.
- Busca detalhada por dia: veja a previsão de cada dia com a busca detalhada, incluindo previsão de dia e noite e informações históricas.
- Locais: acompanhe facilmente o clima atual nos locais que mais lhe interessam.
- Clima Mundial: navegue pelas condições atuais do clima em cidades de todo o mundo.
- Mapas: veja em detalhes mapas de radar, temperatura, precipitação, nuvens e satélite.
- Live Tile: confira as condições atuais do clima de qualquer cidade direto na sua tela inicial. Clique ou toque para obter a previsão completa.

Siga os passos para usar aplicativo Clima:

1. No ambiente Metro, clique no bloco **Clima** ou, caso não o tenha na tela, use o recurso da lupa no canto superior ou inferior da tela do lado direito para digitar Clima, como exibido na Imagem 8H.

Imagem 8H – Abrir aplicativo Clima

2. Depois de aberto, o aplicativo exibe uma tela parecida com a retratada na Imagem 8I, com informações do clima do local configurado no sistema.

Imagem 8I – Aplicativo Clima

3. Navegando verticalmente no aplicativo, você poderá visualizar a previsão do tempo de hora em hora, mapas meteorológicos e históricos climáticos.

4. Para alterar a cidade em exibição, clique com o botão direito do mouse em uma área vazia da tela. O sistema mostrará duas barras de ferramentas, conforme Imagem 8J.

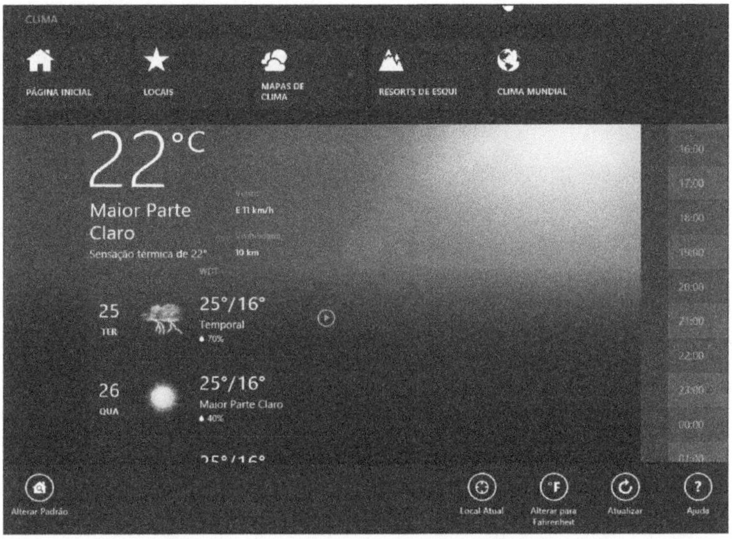

Imagem 8J – Opções do aplicativo Clima

5. Na barra de ferramentas superior, você poderá acessar as opções de clima mundial, resorts de esqui, mapas de clima e os seus locais preferidos para acompanhar. Na barra de ferramentas inferior, você tem a opção de **Alterar Padrão**, que permite localizar uma cidade para exibição da previsão do tempo. Clique nesta opção e digite Conceição do Mato Dentro, conforme Imagem 8K, e clique em confirmar. Selecione a cidade e, automaticamente, o aplicativo passa a mostrar a previsão do tempo da cidade escolhida.

Imagem 8K

6. A opção **Local Atual** permite que o aplicativo determine a localização automaticamente. Porém, esta opção não funciona em todos os casos, já que utiliza para determinar a cidade os canais de internet que nem sempre estão localizados na cidade local. Você ainda tem a opção de alternar o aplicativo para a exibição da temperatura em Fahrenheit e o botão **Atualizar**, que busca as últimas informações sobre a previsão do tempo.

Fotos

Você pode usar o aplicativo Fotos para exibir, editar e importar suas fotos e vídeos. Ele inclui uma grande variedade de opções de edição para aperfeiçoar suas fotos, desde correções automáticas até ajustes avançados. Após concluir a edição de suas fotos e vídeos, você pode compartilhá-los com amigos e familiares sem sair do aplicativo.

1. No ambiente Metro, clique no bloco Fotos ou, caso não o tenha na tela, use o recurso da lupa no canto superior ou inferior do lado direito da tela para digitar Fotos, como exibido na Imagem 8L.

Imagem 8L – Aplicativo Fotos

2. Ao abrir o aplicativo, o sistema exibe automaticamente todas as imagens que estão na pasta Imagens; caso não existam imagens nesta pasta, faça a cópia das imagens da pasta arquivo de exemplo para a pasta imagens pelo explorador de arquivos da área de trabalho.
3. Como você pode ver na Imagem 8M, as imagens são exibidas em miniatura e, caso existam pastas, será exibido o nome das mesmas.
4. Clicando com o botão direito sobre qualquer uma das imagens, você terá as opções de copiar, excluir, recortar, renomear, criar pastas ou abrir a imagem com outro aplicativo, como mostra a Imagem 8N.

Imagem 8M - Aplicativo Fotos

Imagem 8N - Opções para trabalhar com imagens

5. Clique na imagem Tulipas.jpg ou outra qualquer que você tenha copiado. O sistema abrirá a imagem em tela cheia, logo após clique com o botão direito do mouse, como mostra a Imagem 8O.

Imagem 8O - Opções de imagem aberta

6. Nas opções abertas, você poderá excluir a imagem, abri-la em outro aplicativo, defini-la como tela de bloqueio ou bloco de fotos, iniciar uma apresentação de slides, girar a imagem, recortar parte dela, ou usar o botão **Editar** para aplicar efeitos.
7. Clicando na opção **Editar**, o Windows oferecerá uma gama de comandos que permitem que você efetue alterações na foto, como mostra a Imagem 8P. Esses comandos vão desde recortar e girar a imagem, passando por correções de cor, aplicação de efeitos, alteração de claridade, dentre outros. Após aplicar essas alterações e tentar fechar a foto, será solicitado a você gravar a imagem sobre o original, gravar uma cópia modificada ou cancelar as alterações.

Imagem 8P - Opções de edição

Calendário

Com o aplicativo de **Calendário**, você pode ver vários calendários de compromissos, incluindo os de trabalho, ao mesmo tempo, em um único lugar. Para usar o Calendário, você tem que entrar no computador ou aplicativo com uma conta da Microsoft. Ao abrir o aplicativo, você verá todos os eventos de sua conta da Microsoft.

1. No ambiente Metro, clique no bloco Calendário ou, caso não o tenha na tela, use o recurso da lupa no canto superior ou inferior da tela do lado direito para digitar Calendário, como exibido na Imagem 8Q.

Imagem 8Q – Abrir aplicativo Calendário

2. Ao abrir o aplicativo, serão exibidos os compromissos do dia corrente na sua tela, como mostra a Imagem 8R.

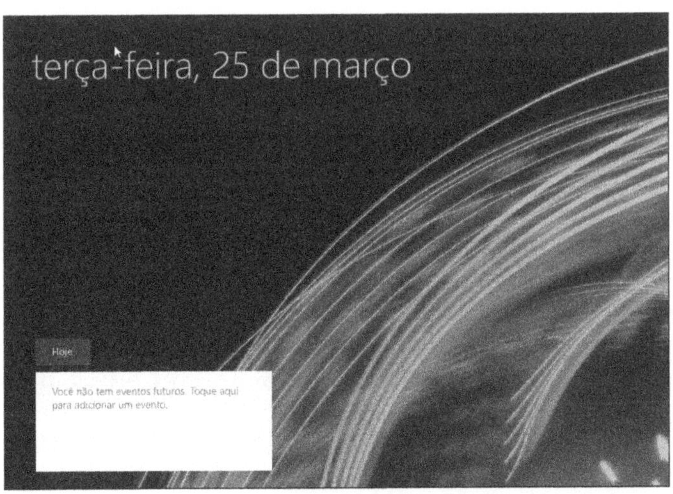

Imagem 8R – Aplicativo Calendário

3. Clique com o botão direito em uma área vazia do aplicativo para mostrar as barras de ferramentas. Na parte superior, você tem a opções de exibir os compromissos por dia, semana de trabalho, semana e mês, como mostra a Imagem 8S.

Imagem 8S – Opções de exibição do calendário

4. Na barra de ferramentas inferior, você tem as opções de sincronizar o calendário, caso você o utilize em mais de um dispositivo, alterar a tela de fundo do aplicativo ou então a opção de definir um novo compromisso, como mostra a Imagem 8T.

Imagem 8T – Opções inferiores do aplicativo calendário

5. Clicando no botão **Novo** na tela que se abre, você poderá definir seu novo compromisso com as seguintes opções:
   - Data e hora do compromisso
   - Tempo de duração
   - Localização
   - Frequência daquele compromisso à intervalo em que o compromisso se repete
   - Lembrete à define quanto tempo antes o sistema deverá avisar sobre o compromisso
   - Status à qual seu status durante o compromisso
   - Particular à define o compromisso como particular e não profissional
   - Assunto à comentário breve sobre o compromisso em questão
6. Depois de digitar todas as informações, você poderá gravá-las clicando no botão Salvar no canto superior direito da tela, como mostra a Imagem 8V.
7. Quando voltar ao calendário você poderá visualizar seu compromisso ou evento na data e hora estipuladas, lembrando que estas informações são disponibilizadas online; sendo assim, caso você utilize um tablet ou celular compatível, estas informações poderão ser compartilhadas.

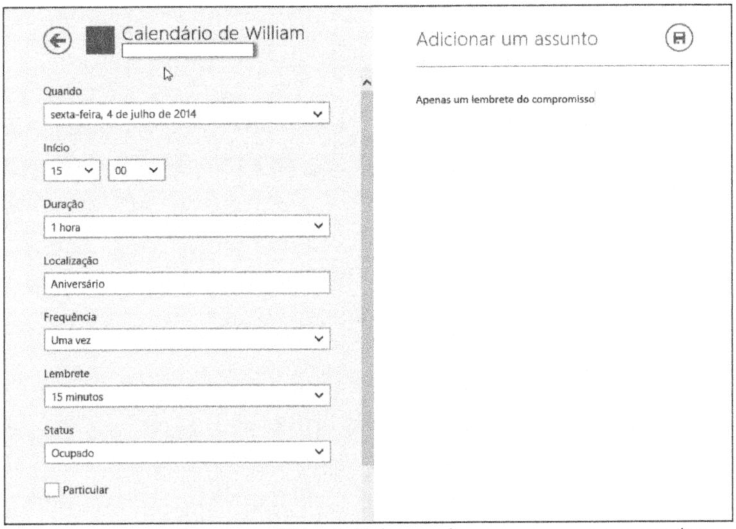

Imagem 8U – Adicionando um novo compromisso

Imagem 8V – Botão gravar evento

FIXANDO O APRENDIZADO

1) Instale o aplicativo Fresh Paint no seu Windows.
2) Instale o aplicativo WinZip no seu Windows.
3) Instale o aplicativo Caça Palavras no Windows.
4) Edite a foto Farol colocando mais brilho na imagem e grave uma cópia da mesma.
5) Renomeie o arquivo recém-criado de Farol(2).jpg para Farol Iluminado.jpg.
6) Crie um compromisso no dia do seu aniversário e coloque para que ele seja repetido anualmente.
7) Remova o aplicativo Caça Palavras do Windows.
8) Crie um compromisso no dia 20/12/2015 com o título formatura e defina que o lembrete seja dado 1 semana antes do compromisso.
9) Mude a visualização do calendário para Mês.
10) Crie uma nova pasta dentro do aplicativo Fotos com o nome de Exemplos e mova todas as fotos de exemplo para dentro da mesma.

Capítulo IX

Paint

O aplicativo **Paint**, que acompanha o Windows 8.1, permite ao usuário desenhar, colorir e editar imagens de forma criativa e divertida.

Oferece ferramentas de edição como pincéis, figuras geométricas e ferramentas de texto que possibilitam:

- Criação de imagens de papel de parede
- Criação de avisos
- Edição de figuras e digitalizações
- Ilustrações para texto
- Criação de figuras para uso em outros programas do Windows

Para acessá-lo siga as instruções:

1. Arraste o mouse para a lateral direita da tela. Na **Barra Lateral** clique no ícone **Pesquisar**.
2. Digite **paint** e clique sobre o programa encontrado, conforme Imagem 9A.

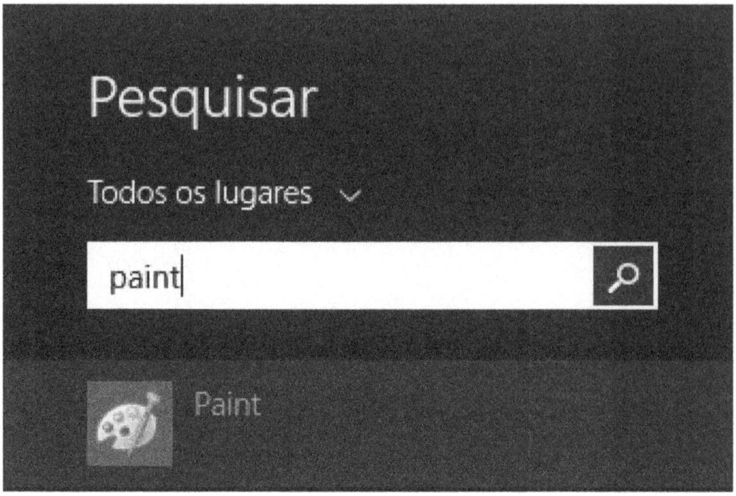

Imagem 9A – Pesquisar

3. A tela será exibida conforme a Imagem 9B.

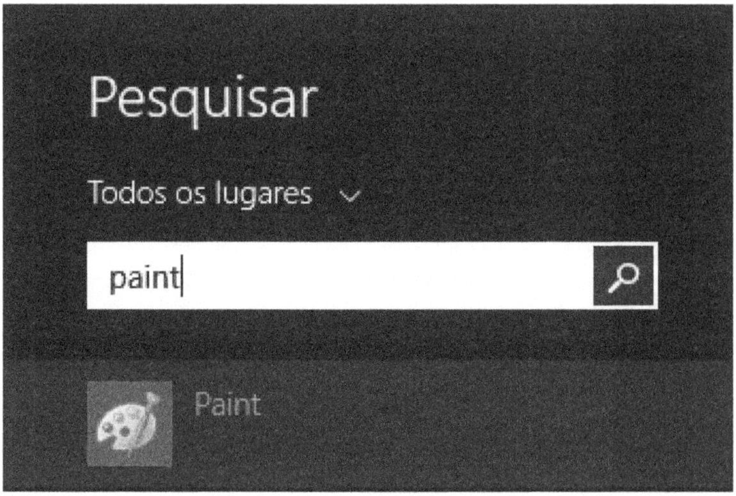

Imagem 9B – Aplicativo Paint

Barra de Ferramentas de Desenho

A barra de ferramentas de desenho é exibida na parte superior da tela, logo abaixo da Barra de Títulos, como mostra a Imagem 9C.

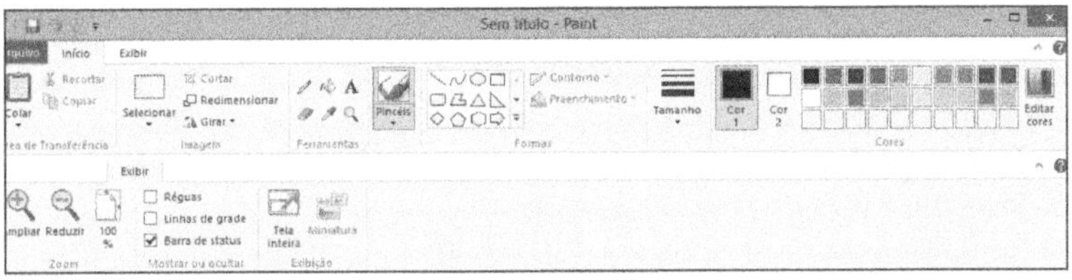

Imagem 9C - Barra de Ferramentas (Faixa de Opções)

Desenhando linhas

1. Clique na ferramenta **Linha** na **Barra de Desenho**.

Imagem 9D

2. Você poderá escolher a espessura da linha usando as opções mostradas no canto inferior direito da barra de desenhos, como pode observar na Imagem 9E.

Imagem 9E - Espessura Linha

3. Clique na área de desenho e arraste, com o botão esquerdo do mouse pressionado, até que a linha esteja de sua preferência.

Para criar linhas retas e formas simétricas, segure a tecla **Shift** enquanto desenha.

Desenhando linhas de forma livre

1. Clique na ferramenta **Lápis** na **Barra de Desenho.**

Imagem 9F

2. Clique na área de desenho e arraste, com o botão esquerdo do mouse pressionado, até obter a forma desejada.

Desenhando com o Pincel

1. Clique na ferramenta **Pincel** na **Barra de Desenho.**

Imagem 9G

2. Clique na área de desenho e arraste, com o botão esquerdo do mouse pressionado, até obter a forma desejada.

Você pode ainda escolher o formato do pincel clicando na ferramenta **Pincel** e escolhendo o formato desejado, conforme Imagem 9H.

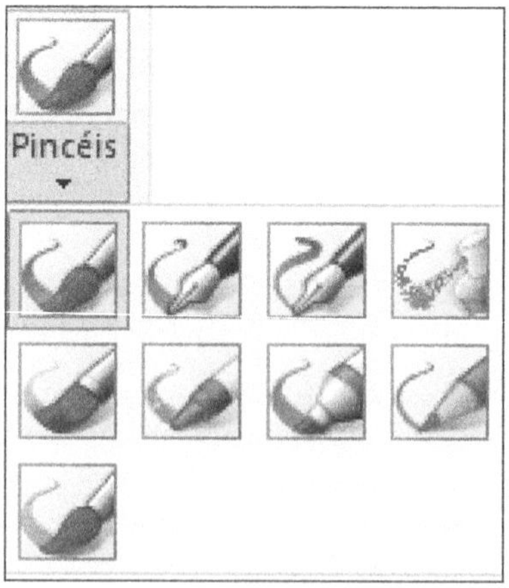

Imagem 9H

Desenhando uma Curva

1. Clique na ferramenta **Curva** na **Barra de Desenho**.

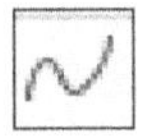

Imagem 9I

2. Clique na área de desenho e arraste, com o botão esquerdo do mouse pressionado, até obter a forma desejada.
3. Dê um clique na área de desenho para determinar o ângulo do arco.
4. Em seguida, dê um clique em cima do arco para que a linha seja confirmada.

Desenhando uma Elipse

5. Clique na ferramenta **Elipse** na **Barra de Desenho.**

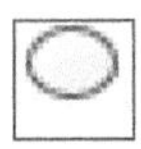

Imagem 9J

6. Clique na área de desenho e arraste, com o botão esquerdo do mouse pressionado, até obter a forma desejada.

Desenhando um Retângulo

1. Clique na ferramenta **Retângulo** na **Barra de Desenho.**

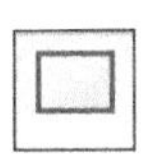

Imagem 9K

2. Clique na área de desenho e arraste, com o botão esquerdo do mouse pressionado, até obter a forma desejada.

Desenhando formas diversas

1. Clique na ferramenta geométrica desejada na **Barra de Desenho.**

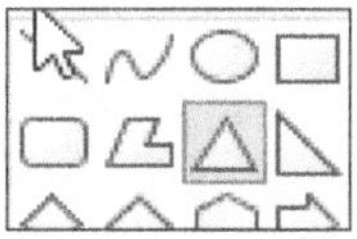

Imagem 9L

2. Clique na área de desenho e com o botão esquerdo do mouse em outros cantos para dar forma ao desenho. Clique duas vezes para finalizar a operação.

Digitando e alterando texto no Paint

Para trabalhar com textos no Paint você deverá seguir os passos:

1. Clique na ferramenta **Texto** na **Barra de Desenho.**

Imagem 9M

2. Clique na área de desenho e faça um retângulo onde será colocado o desenho.
3. Digite o texto desejado.
4. Para modificar o formato do texto, escolha a fonte, tamanho e cores utilizando a **Ferramenta de Texto**, como mostra a Imagem 9N.

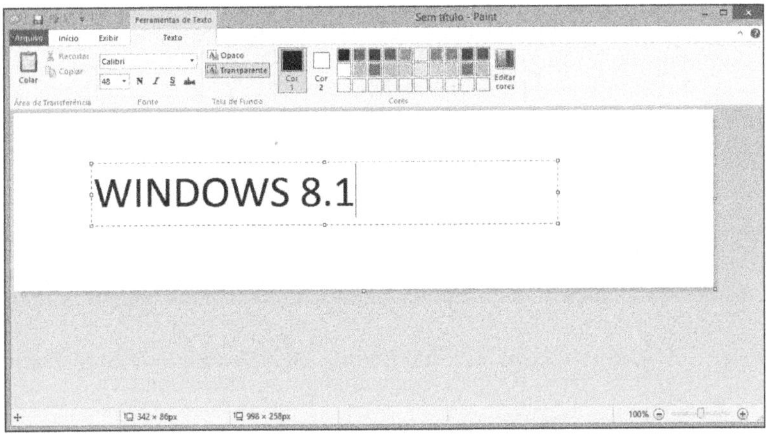

Imagem 9N – Digitando texto

Apagando áreas desenhadas

1. Clique na ferramenta **Borracha** na **Barra de Desenho.**

Imagem 9O

2. Clique na área de desenho e arraste, com o botão esquerdo do mouse pressionado, até que a área desejada seja apagada.

Apagando áreas determinadas

1. Clique na ferramenta **Seleção ou Seleção Forma Livre** na **Barra de Desenho.**

Imagem 9P

2. Clique na área de desenho e arraste, com o botão esquerdo do mouse pressionado, até que a área desejada esteja marcada por um retângulo pontilhado.
3. Pressione a tecla **Del** ou **Delete.**

Limpando todo o desenho

Para eliminar todos os itens desenhados na tela, siga os passos:

1. Escolha **Selecionar / Selecionar Tudo**, conforme Imagem 9Q.

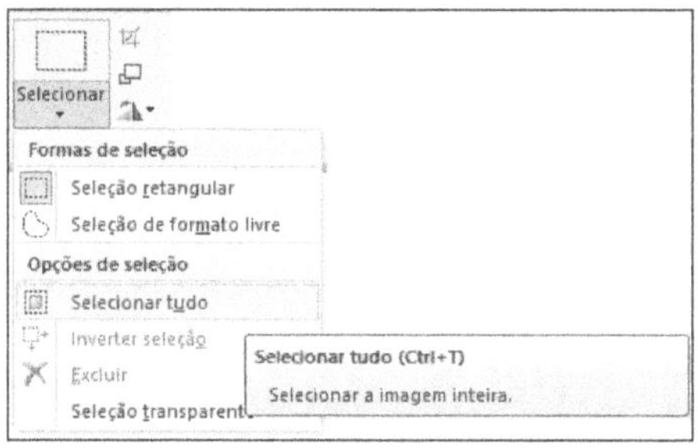

Imagem 9Q

2. Clique na opção **Selecionar /Excluir**, conforme Imagem 9R.

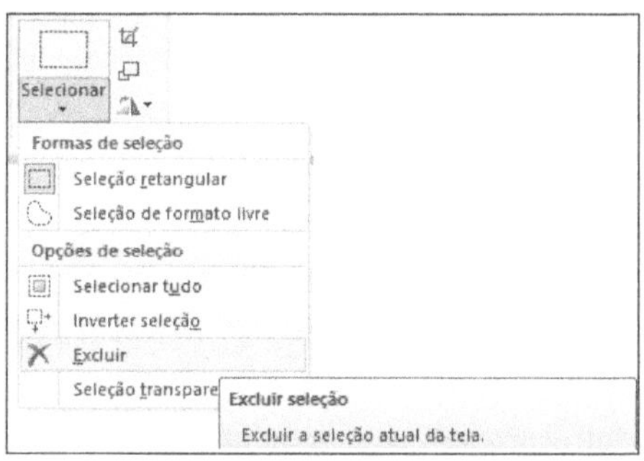

Imagem 9R

Preenchendo áreas desenhadas

1. Desenhe formas geométricas na tela de desenho, a seu gosto.
2. Clique na ferramenta **Preencher com cor** na **Barra de Desenho**, conforme Imagem 9S, e em seguida, clique na cor desejada.

Imagem 9S

3. Com o botão esquerdo do mouse, clique na tela dentro da forma geométrica a ser colorida. Veja um exemplo na Imagem 9T.

Imagem 9T – Preenchendo formas

Girando formas desenhadas

Para girar as formas ou imagens na tela, vamos utilizar as ferramentas de imagem da Barra de Ferramentas de desenho.

1. Desenhe na tela uma seta, conforme Imagem 9U.

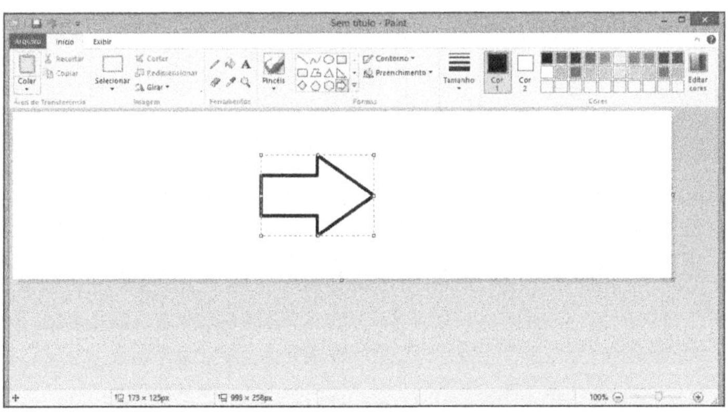

Imagem 9U – Girando formas

2. Clique na opção **Girar**, na barra de ferramentas **Imagem**, e escolha a opção **Girar 90º para a direita**, conforme Imagem 9V.

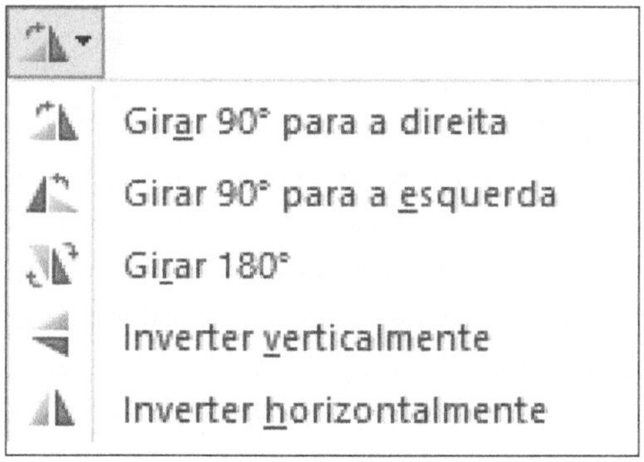

Imagem 9V – Opções de rotação

3. Observe que a imagem foi rotacionada em 90 graus.

Cortando imagens

Para cortar imagens na tela, vamos utilizar a ferramenta **Cortar** da Barra de Ferramentas de desenho.

1. Usando a ferramenta **Selecionar**, demarque a seta desenhada na tela.
2. Clique na opção **Cortar**, conforme Imagem 9W.

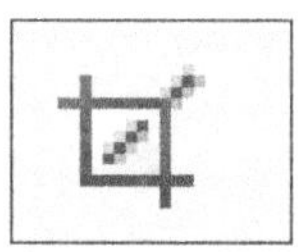

Imagem 9W

Salvando imagens

Para salvar imagens criadas no **Paint**, siga os passos:

1. Clique no menu **Arquivo →Salvar Como** conforme Imagem 9X.

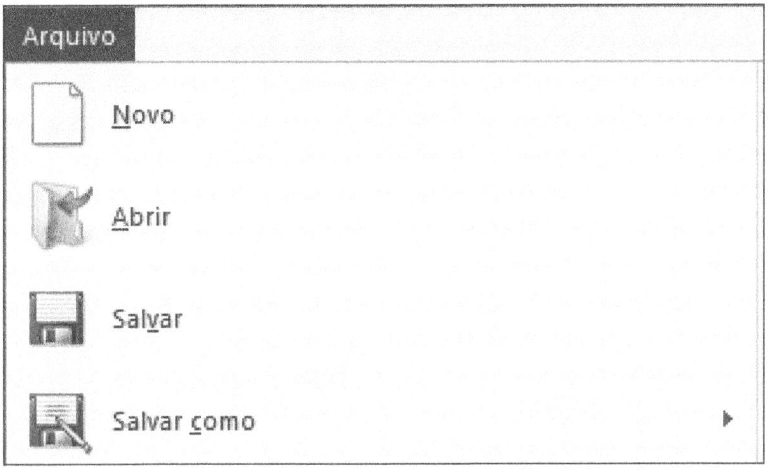

Imagem 9X – Salvando Imagens

2. Na tela que se abre, escolha a pasta onde será salva a imagem e dê um nome para o arquivo.

Abrindo imagens salvas

Para abrir imagens salvas no computador, siga os passos:

1. Clique na opção **Arquivo →Abrir** conforme Imagem 9Y.

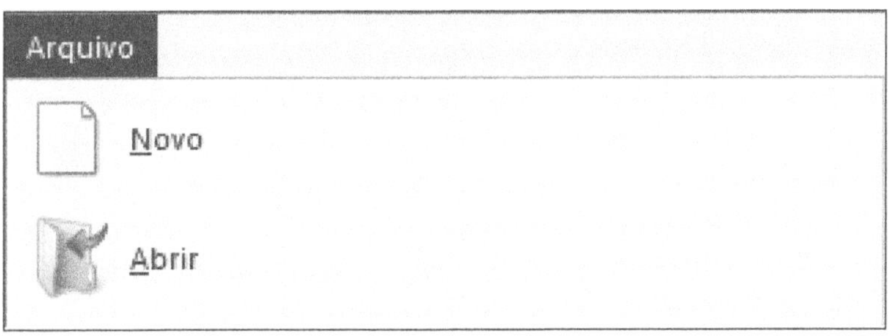

Imagem 9Y

2. Localize o arquivo desejado e clique em **Abrir**, conforme Imagem 9Z.

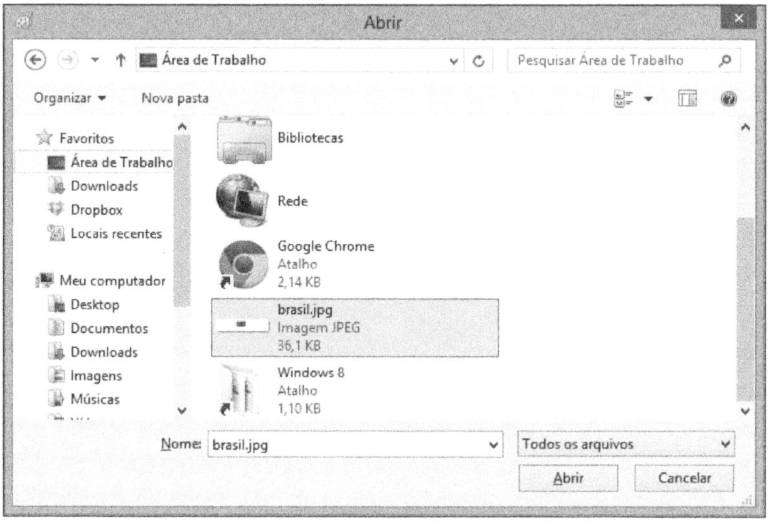

Imagem 9Z – Abrindo arquivo

FIXANDO O APRENDIZADO

1) Abra o aplicativo Paint.
2) Faça uma imagem parecida com a mostrada na Imagem 9 - Exer1.

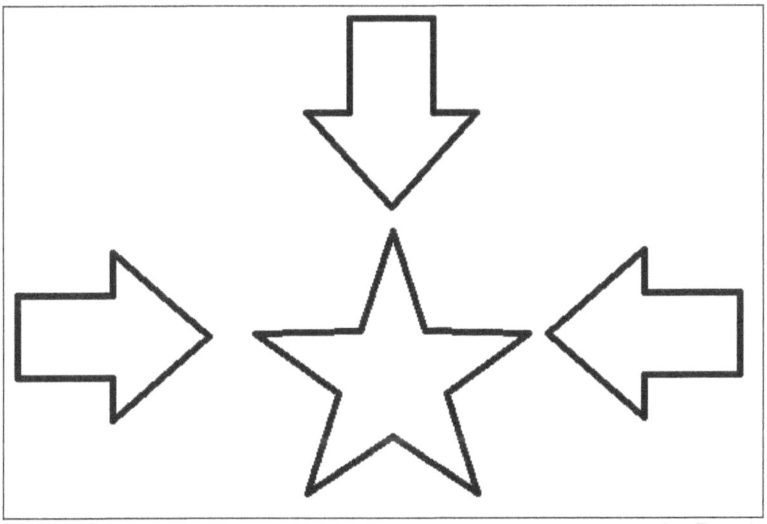

Imagem 9 - Exer1

3) Grave o arquivo com o nome de "Colagem.png" na pasta Imagens.
4) Pinte cada forma com uma cor diferente.
5) Escreva seu nome dentro da estrela e salve o arquivo com o nome de "Colagem2.png".

Capítulo X

Wordpad

O Wordpad é um editor de texto gratuito que acompanha o Windows 8.1. Ele permite a criação, edição, formatação de textos bem como a incorporação de imagens, objetos e outros documentos.

Para iniciar o Wordpad, siga os passos:

1. Arraste o mouse para a lateral direita da tela na Barra Lateral e clique no ícone **Pesquisar**.
2. Digite **wordpad** e clique sobre o programa encontrado, conforme Imagem 10A.

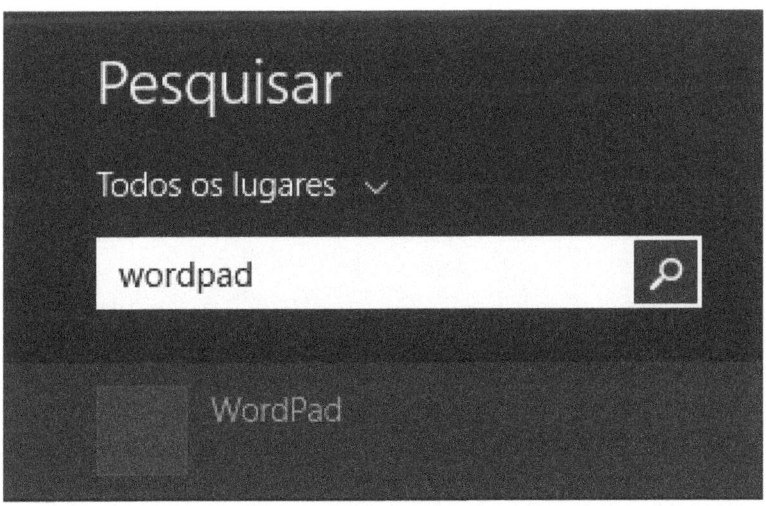

Imagem 10A – Abrindo aplicativo Wordpad

3. O aplicativo será aberto conforme Imagem10B.

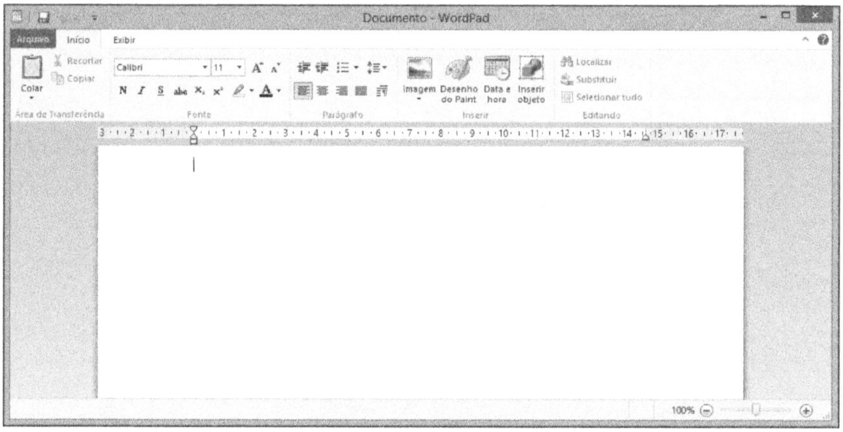

Imagem 10B – Aplicativo Wordpad

Criando novos documentos

Para criar um novo documento no Wordpad, clique no menu **Arquivo**, que se encontra no topo esquerdo da tela e em seguida em **Novo**, como mostra a Imagem 10C.

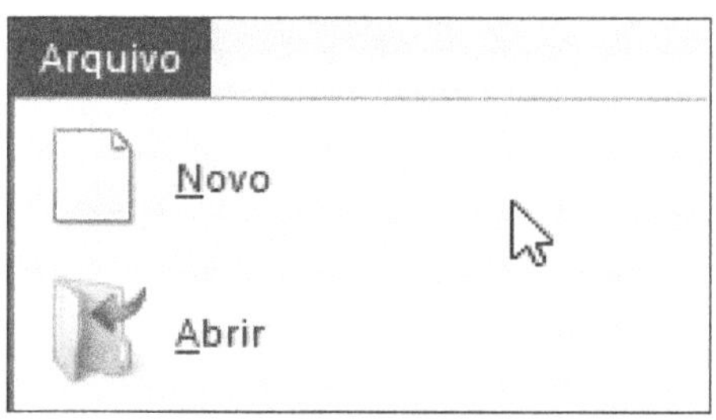

Imagem 10C – Novo documento

Na tela em branco aberta digite o texto desejado. Veja exemplo na Imagem 10D.

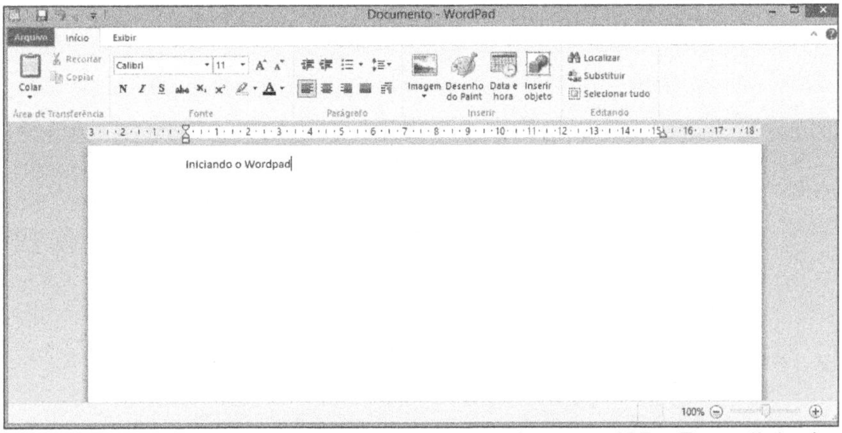

Imagem 10D – Texto digitado

Salvando documentos

Para salvar os documentos criados, siga os passos:

1. Clique em **Arquivo** na Barra de menus do Wordpad e em seguida em **Salvar**, conforme Imagem 10E.

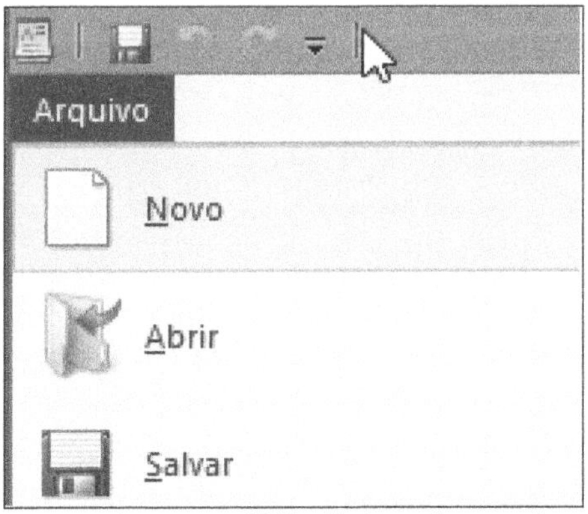

Imagem 10E – Salvando arquivo

2. A janela **Salvar Como** será exibida, conforme Imagem 10F.

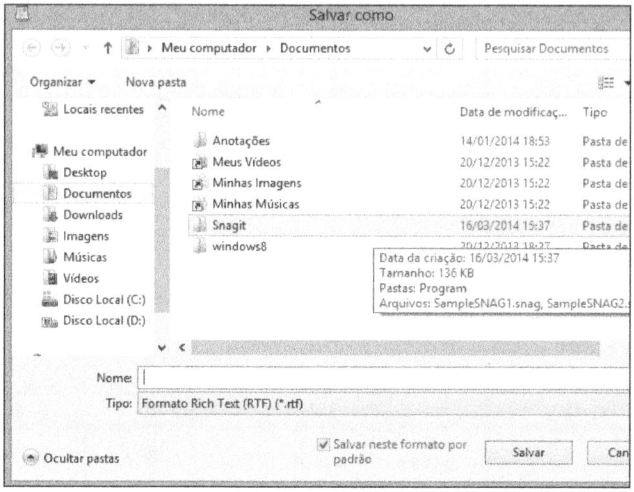

Imagem 10F

3. Escolha a pasta **Documentos** e na caixa Nome digite: Apresentação.rtf.
4. Em seguida clique em Salvar, conforme mostra a Imagem 10G.

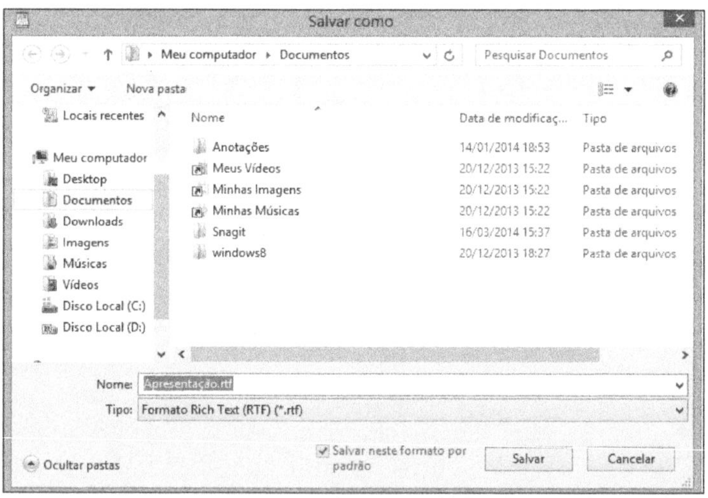

Imagem 10G – Gravando arquivo

Seu documento estará armazenado no computador.

Abrindo documentos

Para abrir documentos criados, siga os passos:

1. Clique em **Arquivo** e em seguida em **Abrir**, como mostra a Imagem 10H.

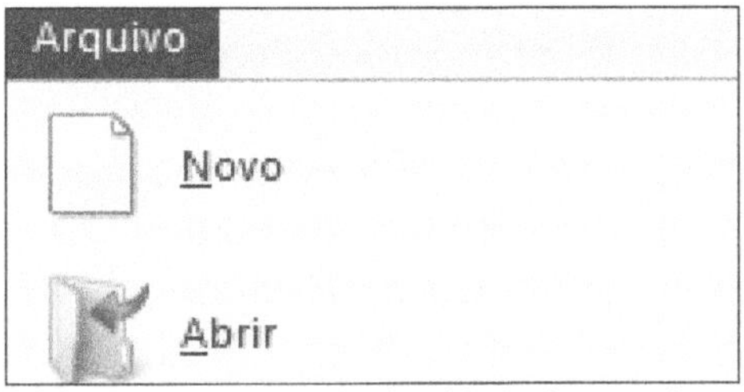

Imagem 10H – Abrindo arquivo

2. Na caixa exibida, escolha o diretório onde o documento foi gravado. Após, escolha o documento desejado, conforme Imagem 10I.
3. Clique em **Abrir**.

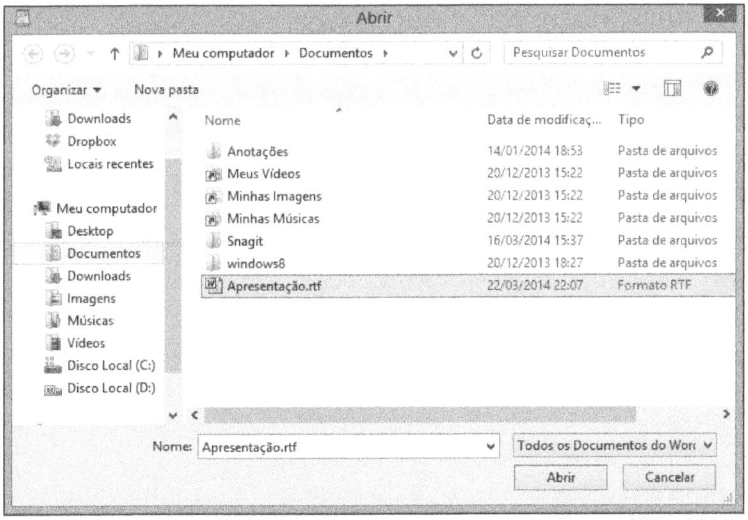

Imagem 10I – Abrir

Copiando partes de um documento

Para copiar o texto digitado ou parte dele, siga os passos:

1. Selecione o trecho desejado clicando ao lado do texto e arrastando o mouse para a direção desejada.
2. Clique no botão **Copiar**, conforme Imagem 10J.

Imagem 10J

3. Escolha o documento ou posição da página em que o texto será colocado.
4. Clique no botão **Colar**, conforme Imagem 10K.

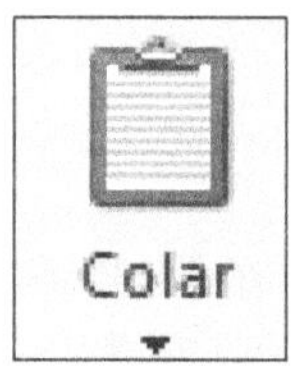

Imagem 10K

Importante

> Você pode, ainda utilizar as teclas de atalho para executar as operações de cópia e colagem.
>
> Após selecionar o texto, aperte as teclas **CTRL + C**, simultaneamente, para copiar o texto para a área de transferência.
>
> Em seguida, aperte as teclas **CTRL + V** para inserir o texto copiado na posição da página desejada.

Esta transferência de partes de um documento é possível, pois quando copiamos ou recortamos partes de um texto ou todo ele, estes ficam armazenados em uma área do computador chamada **Área de Transferência** até que possamos colar o documento em outro local.

Desfazendo operações

A edição de textos no Wordpad permite a correção imediata dos erros, não sendo necessário recomeçar seu trabalho.

Para desfazer uma ação incorreta, utilize o botão **Desfazer** na barra títulos do Wordpad, como mostra a Imagem 10L.

Imagem 10L

Excluindo partes do texto

Para excluir partes do texto:

1. Selecione o texto a ser excluído.
2. Use a tecla **Del** ou **Delete** em seu teclado.

Localizando palavras no texto

Para localizar palavras ou frases no texto, siga os passos:

1. Clique em qualquer parte do texto a partir da qual devem ser iniciadas as buscas.
2. Clique no botão **Localizar**, na barra de ferramentas, conforme Imagem 10M.

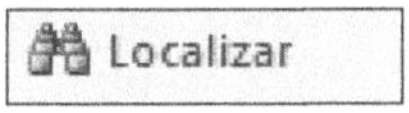

Imagem 10M

3. Digite a palavra a ser localizada, conforme Imagem 10N.

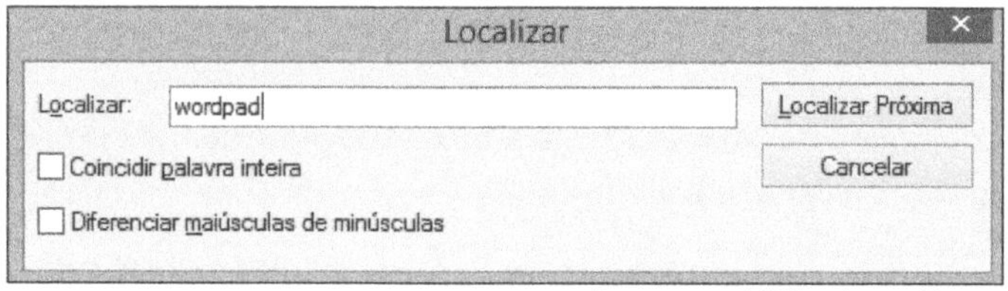

Imagem 10N - Localizar

4. Clique em **Localizar Próxima.**
5. Clique novamente no botão **Localizar Próxima** se você quiser que a ferramenta continue a busca pelo restante do texto.

Substituindo palavras no texto

Para efetuar a substituição de palavras ou frases do texto, siga os passos:

1. Clique em qualquer parte do texto a partir da qual devem ser iniciadas as buscas e substituições.
2. Clique no botão **Substituir**, conforme Imagem 10 O.

Imagem 10 O

3. A tela exibida será mostrada conforme a Imagem 10P.

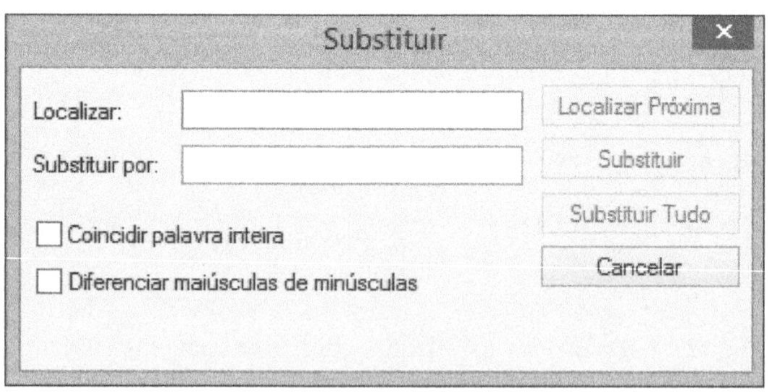

Imagem 10P - Substituir

4. Em **Localizar,** digite a palavra a ser procurada.
5. Em **Substituir por,** digite a palavra que deverá aparecer no lugar da palavra encontrada.
6. Clique em **Substituir Tudo**, conforme Imagem 10Q.

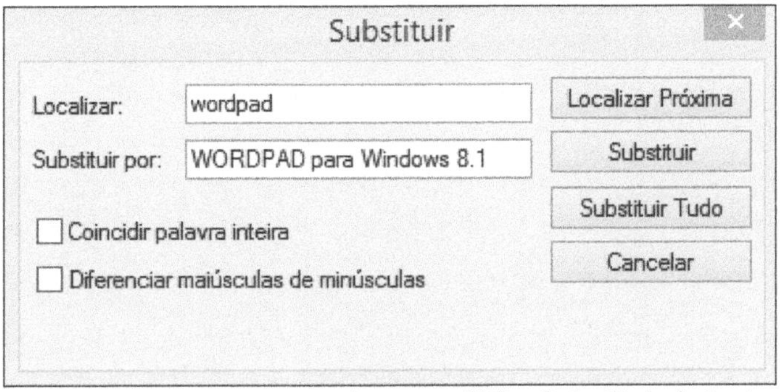

Imagem 10Q – Substituindo texto

Inserindo Data e Hora no texto

1. Clique no ponto do texto onde deverá aparecer a Data e Hora.
2. Clique no botão **Data e hora** na barra de ferramentas, conforme Imagem 10R.

Imagem 10R

3. A tela exibida será mostrada conforme a Imagem 10S.

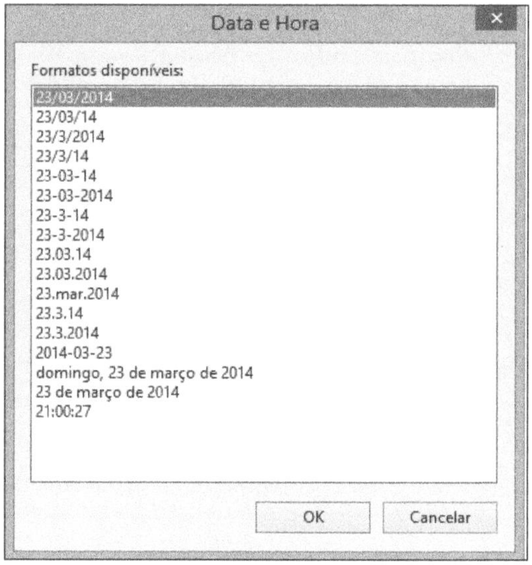

Imagem 10S – Inserir data e hora

4. Na caixa que surge, escolha o formato desejado.
5. Clique em **OK** para inserir a data e a hora no texto.

Inserindo imagens no texto

6. Clique no ponto do texto no qual deverá aparecer a imagem.
7. Clique no botão **Imagem** como mostra a Imagem 10T.

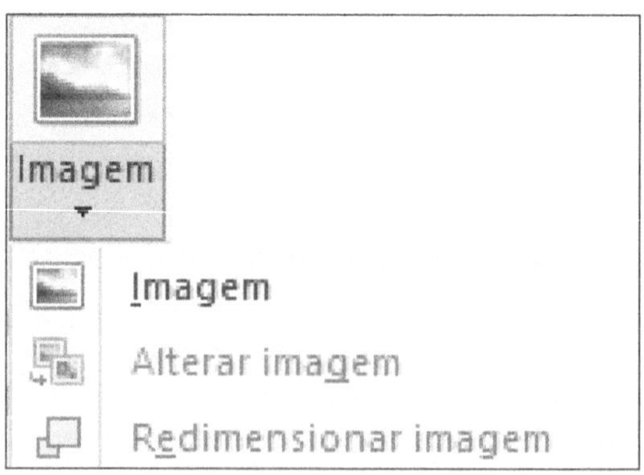

Imagem 10T – Imagem

8. Selecione a pasta **Arquivos ou Imagens** e logo após procure a imagem **Img2.jpg**. Em seguida, clique em **Abrir,** como mostra a Imagem 10U.

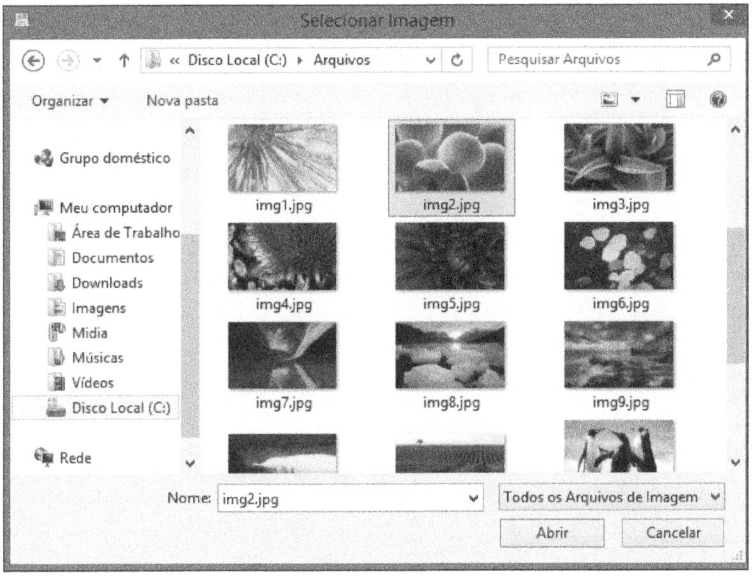

Imagem 10U - Selecionar imagem

Formatando a fonte do texto

A formatação do texto altera a aparência do documento, tornando-o mais profissional.

Para iniciar a formatação do texto, sempre selecione onde deseja aplicar as alterações, e então use a **Faixa de Opções**, como mostra a Imagem 10V.

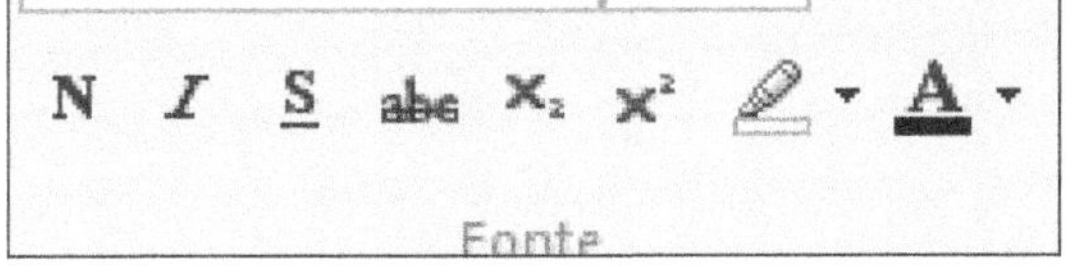

Imagem 10V - Formatar texto

1. Em Fonte, escolha o tipo de letra desejado e seu tamanho. O modelo escolhido aparecerá na caixa Exemplo, para que você possa visualizá-la antes da conclusão.
2. Escolha o **Estilo da Fonte,** usando os botões da Imagem 10W aplicando os efeitos **Negrito**, Itálico e Sublinhado, respectivamente.

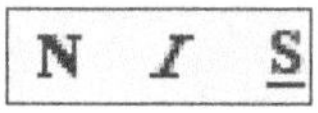

Imagem 10W

3. Escolha a cor da fonte desejada usando a caixa de cores, conforme mostra a Imagem 10X.

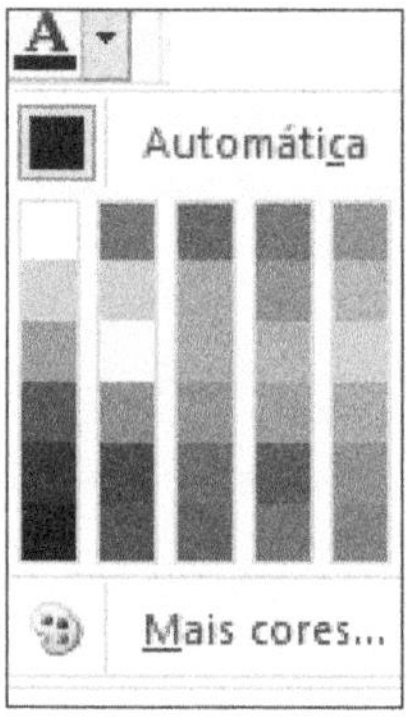

Imagem 10X – Opções de cores para letras

Selecionando todo texto

1. Clique no botão **Selecionar tudo** exibido na Imagem 10Y.

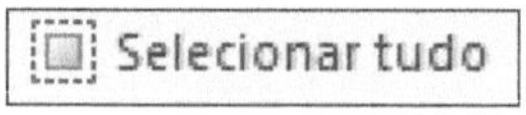

Imagem 10Y

2. Ou use as teclas **Ctrl+T**.

Formatando parágrafos do texto

Para alterar o alinhamento do texto, siga os passos:

1. Selecione o trecho a ser alterado.
2. Use os botões de alinhamentos **À Esquerda**, **À Direita**, **Centralizado** ou **Justificado** que se encontram na **Faixa de Opções**, como mostra Imagem 10Z.

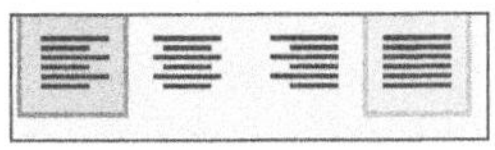

Imagem 10Z

Trabalhando com tabulações

A tabulação é um recurso muito utilizado por quem necessita trabalhar com documentos em mais de uma coluna ou simples tabelas.

Para isto, siga os passos:

1. Dê um clique na posição em que o texto deverá ser mostrado, utilizando a **Régua de Tabulação.**
2. Em cada posição clicada, aparecerá um indicador da posição escolhida.
3. Utilize a tecla **Tab** em seu teclado para se movimentar para a direita, e a tecla **Enter** para inserir uma nova linha. Crie uma tabela como a mostrada na Imagem 10Z1.

PRODUTO	PREÇO	QUANTIDADE
Arroz	R$ 12,00	2
Feijão	R$ 6,50	4
Açúcar	R$ 3,30	2

Imagem 10Z1 – Tabulação

Limpando tabulações

Para limpar tabulações de um documento siga os passos:

1. Clique no botão **parágrafo**, conforme Imagem 10Z2, e em seguida no botão **Tabulações,** na tela que aparece.

Imagem 10Z2

2. Clique no botão **Limpar todos**, conforme mostra a Imagem 10Z3.

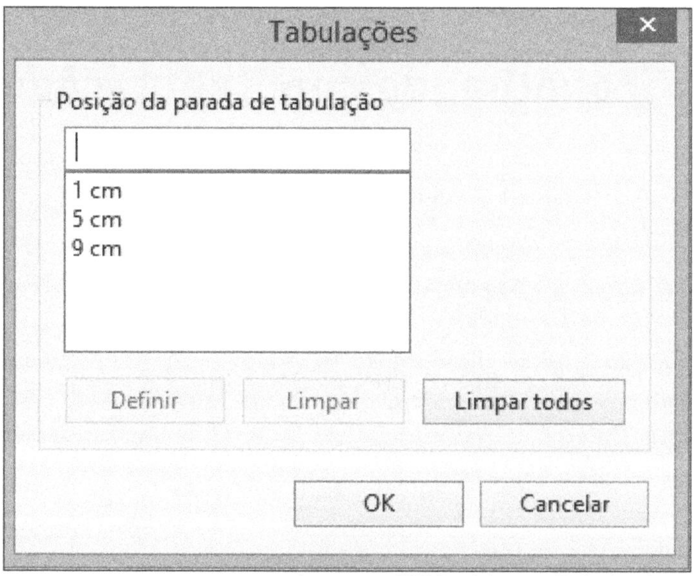

Imagem 10Z3 – Limpar Tabulações

3. Clique em **OK**.

Imprimindo e visualizando um arquivo

Para visualizar o arquivo antes de imprimir, siga os passos:

1. No menu **Arquivo**, escolha **Imprimir / Visualizar Impressão**, conforme Imagem 10Z4.

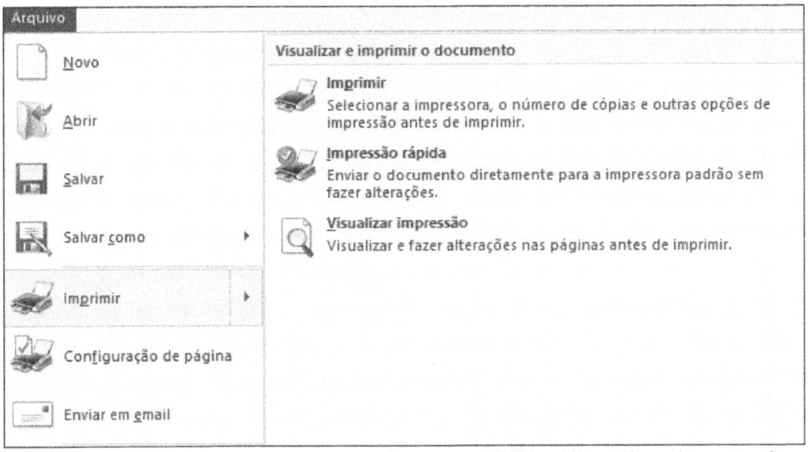

Imagem 10Z4 – Visualizar impressão

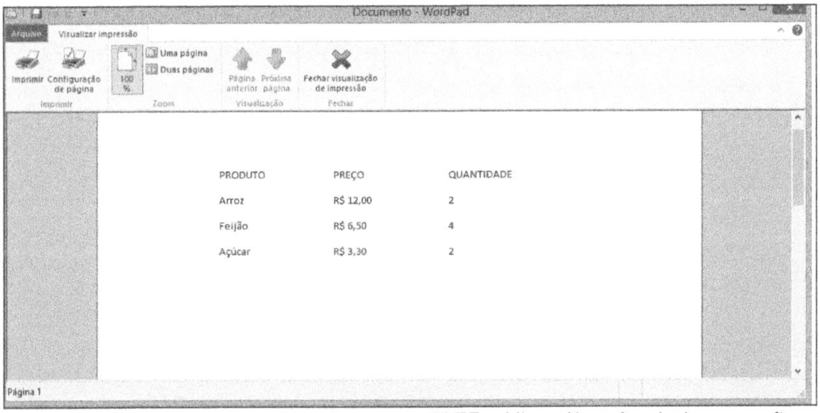

Imagem 10Z5 – Visualização de impressão

2. Se a aparência do documento for satisfatória, clique no botão **Imprimir** ou vá ao menu **Arquivo/Imprimir**. A tela da Imagem 10Z6 será exibida permitindo que você escolha a impressora de destino da impressão.

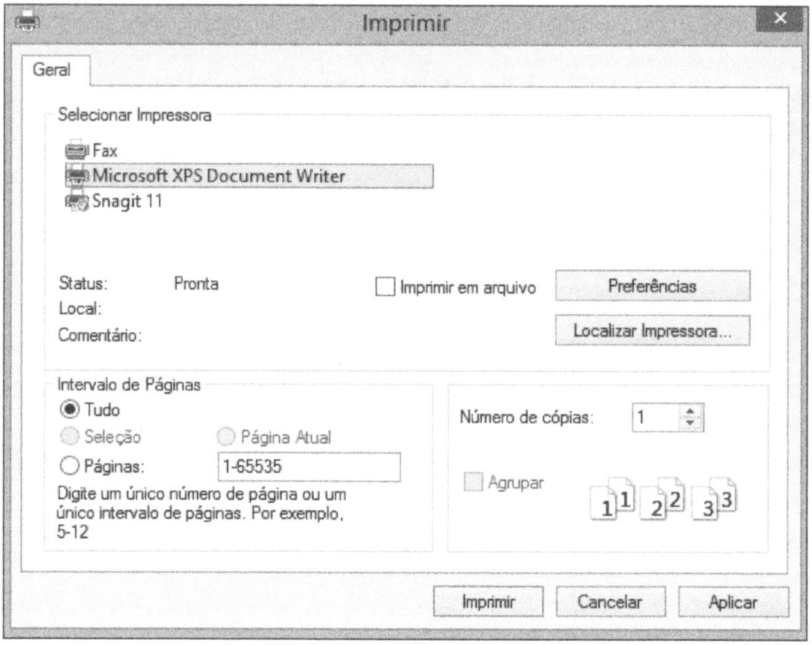

Imagem 10Z6 – Imprimir

FIXANDO O APRENDIZADO

1) Abra o aplicativo Wordpad.
2) Digite o texto a seguir no aplicativo aberto:

   Entre o sossego e o arvoredo,

   Entre a clareira e a solidão,

   Meu devaneio passa a medo

   Levando-me a alma pela mão.

   É tarde já, e ainda é cedo.

3) Grave o arquivo com o nome de Poema.rtf na pasta Documentos.

4) Crie a tabela como mostrado na Imagem 10 - Exer.

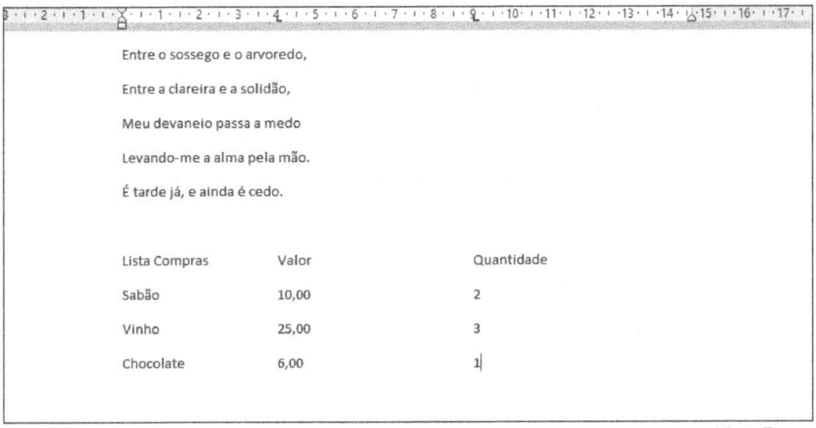

Entre o sossego e o arvoredo,

Entre a clareira e a solidão,

Meu devaneio passa a medo

Levando-me a alma pela mão.

É tarde já, e ainda é cedo.

Lista Compras	Valor	Quantidade
Sabão	10,00	2
Vinho	25,00	3
Chocolate	6,00	1

Imagem 10 - Exer

5) Mude a fonte da primeira linha da tabela digitada para Arial Black tamanho 12.

6) Insira a imagem "tulipas" da pasta Arquivos ou Imagens dentro do arquivo e o salve novamente.

Capítulo XI

Ferramenta de Captura

Às vezes, a melhor maneira de copiar algo é fazer uma captura de tela. Essa é a função da **Ferramenta de Captura**. Use-a para salvar e compartilhar artigos de notícias, resenhas de filmes ou receitas.

Você pode capturar a tela do computador na íntegra ou parcialmente, adicionar notas, salvar a captura ou enviá-la por e-mail diretamente da janela da Ferramenta de Captura.

- **Recorte de Forma Livre:** desenhe uma linha irregular, como um círculo ou triângulo, em torno de um objeto.
- **Recorte Retangular:** desenhe uma linha precisa, arrastando o cursor em torno de um objeto para formar um retângulo.
- **Recorte de Janela:** selecione uma janela, por exemplo, caixa de diálogo do navegador que deseja capturar.
- **Recorte de Tela Inteira:** captura toda a tela quando você seleciona esse tipo de recorte.

Depois de obter um recorte, ele é automaticamente copiado para a janela de marcação, na qual é possível anotar, salvar ou compartilhar o recorte.

Para capturar telas, siga os passos:

1. Arraste o mouse para a lateral direita da tela na Barra Lateral e clique no ícone **Pesquisar**.
2. Digite **ferramenta de captura** e clique sobre o programa encontrado, conforme Imagem 11A.

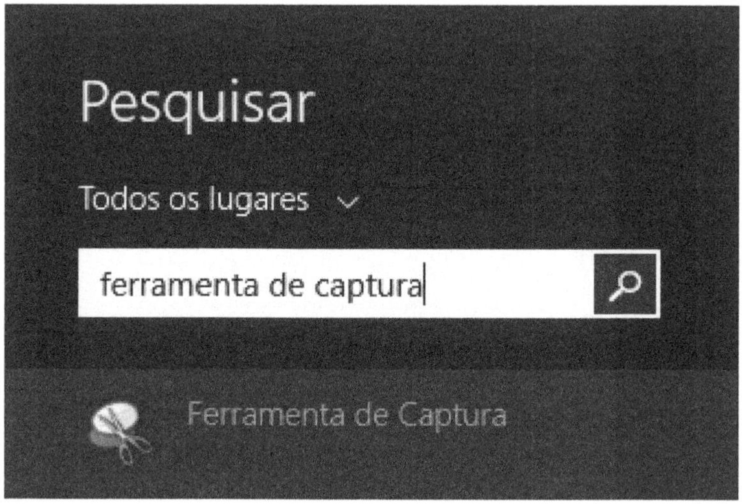

Imagem 11A

3. A tela será mostrada conforme Imagem 11B.

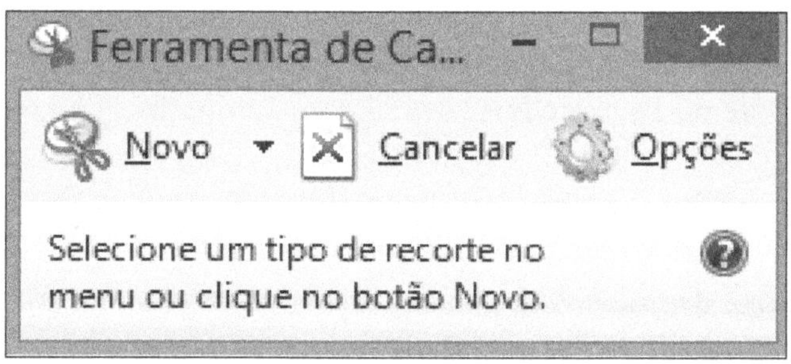

Imagem 11B

4. Clique na opção **Novo**. A tela ficará opaca. Clique com o botão direito do mouse na área de trabalho e arraste-o até que se forme um retângulo selecionando a área desejada.
5. A nova imagem será mostrada na janela **Ferramenta de Captura**, conforme Imagem 11C.

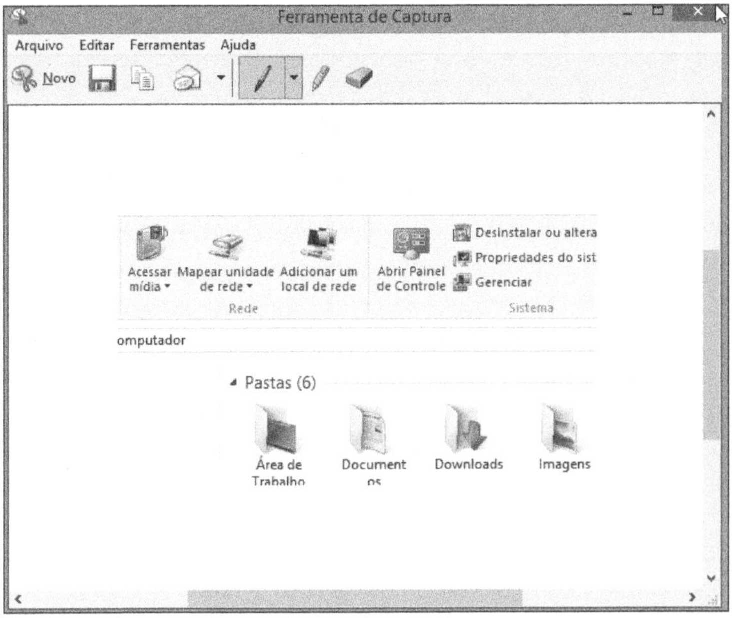

Imagem 11C – Ferramenta de Captura

6. Para gravar essa imagem, clique no botão **Salvar Captura** do disquete e escolha o nome e o local onde será armazenada a captura, conforme Imagem 11D.

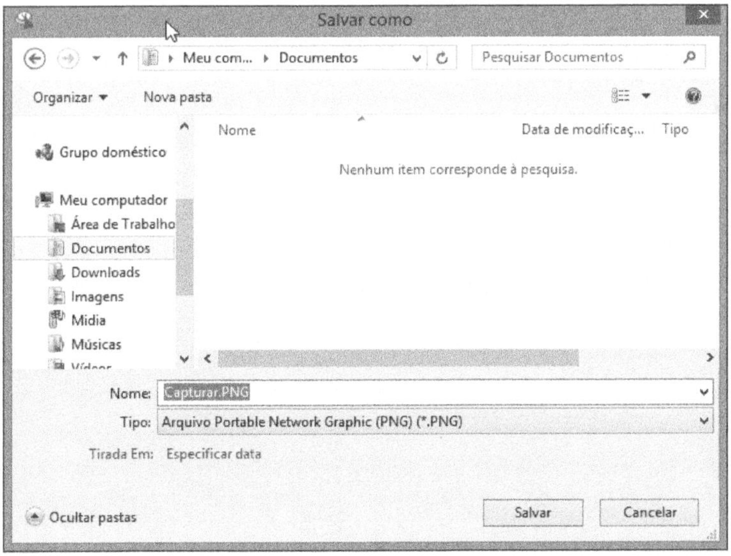

Imagem 11D – Gravando captura

7. Você poderá utilizar os outros botões da ferramenta para apagar partes da imagem, enviá-la por e-mail, ou ainda fazer anotações.

Notas Autoadesivas

As **notas autoadesivas** já se tornaram tão indispensáveis quanto lápis e clipes de papel. E agora ficaram ainda mais úteis: no Windows, é possível formatar o texto de uma nota, mudar sua cor num clique e rapidamente redimensionar, recolher e "folhear" notas.

Se você possui um Tablet ou um computador com tela de toque, as Notas Autoadesivas do Windows também suportam entrada por caneta e toque: você pode até mesmo alternar entre diferentes métodos de entrada em uma única nota.

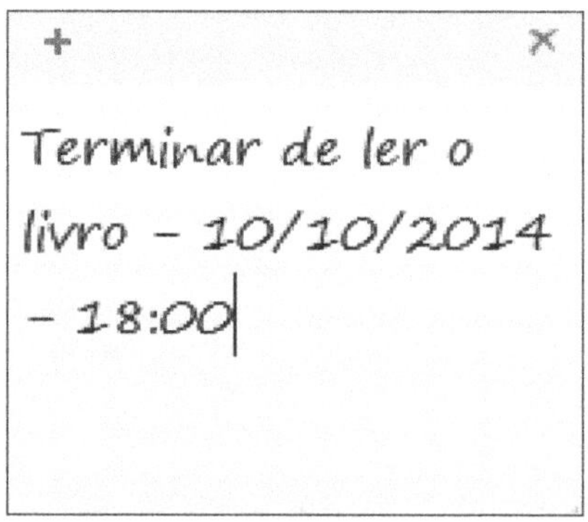

Imagem 11E - Notas autoadesivas

Use as notas autoadesivas para criar uma lista de tarefas, anotar um número de telefone ou fazer qualquer outra atividade na qual usaria um painel de papel.

8. Arraste o mouse para a lateral direita da tela na barra lateral e clique no ícone **Pesquisar**.
9. Digite **notas autoadesivas** e clique sobre o programa encontrado, conforme Imagem 11E.

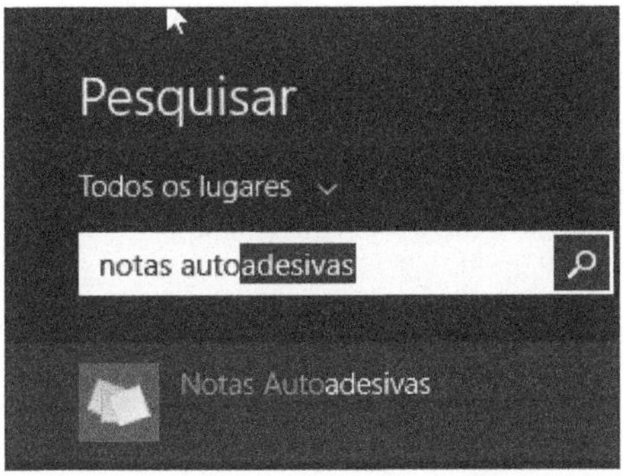

Imagem 11F

Para criar uma nova nota autoadesiva

1. Para criar notas adicionais, clique no botão **Nova Nota**, no canto superior esquerdo da nota, conforme Imagem 11G.

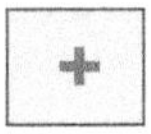

Imagem 11G

2. Também é possível abrir uma nova nota pressionando as teclas **Ctrl+N.**
3. Para redimensionar uma nota, arraste as bordas ou cantos da nota para ampliar ou reduzir a mesma.

Para excluir uma nota autoadesiva

Ao terminar de usar uma nota, você pode excluí-la para limpar sua área de trabalho.

1. Clique no botão **Excluir Nota**, no canto superior direito da nota, conforme mostra a Imagem 11H.

Imagem 11H

2. Na caixa de diálogo excluir notas autoadesivas, clique em **Sim** conforme mostra Imagem 11I.

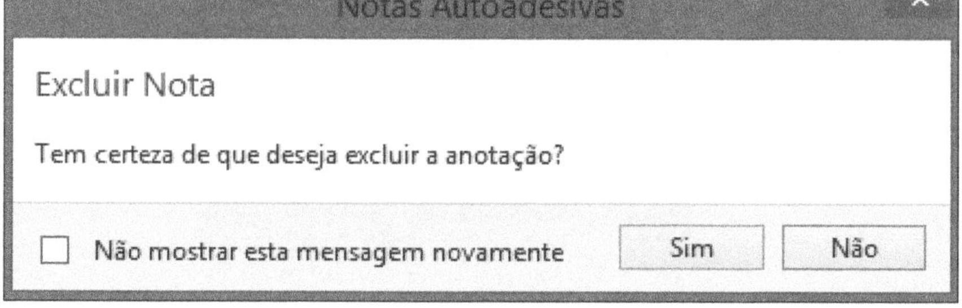

Imagem 11I – Confirmação para excluir nota

3. Você pode também excluir uma nota pressionando as teclas **Ctrl+D.**

OBSERVAÇÃO

O aplicativo Notas Autoadesivas será fechado se você excluir todas as notas. Para criar uma nova nota, abra novamente Notas Autoadesivas.

Para alterar a cor de uma nota autoadesiva

1. Clique com o botão direito do mouse na nota que deseja alterar e clique em uma cor.

Para formatar o texto em uma nota autoadesiva

Você pode formatar o texto, adicionar marcadores para criar uma lista ou alterar o tamanho do texto por meio de atalhos do teclado. Veja como:

2. Selecione o texto que deseja alterar na nota autoadesiva.Use os seguintes atalhos do teclado para formatar o texto em sua nota.

Tipo de formatação	Atalho de teclado
Texto em negrito	Ctrl+B
Texto em itálico	Ctrl+I

Tipo de formatação	Atalho de teclado
Texto sublinhado	Ctrl+U
Tachado	Ctrl+T
Tamanho do texto aumentado	Ctrl+Shift+>
Tamanho do texto diminuído	Ctrl+Shift+<
Lista com marcadores	Ctrl+Shift+L (Pressione esse atalho de teclado novamente para alternar para uma lista numerada.)

Media Player

O Media Player é uma ferramenta multimídia que acompanha o Windows e pode, facilmente, explorar os recursos de áudio e vídeo em mídias como DVD, BluRays, CDs e PenDrives, bem como de imagens e vídeos capturados na internet.

Com o Windows Media Player, você pode executar CDs, DVDs e BluRays, criar suas próprias mídias, ouvir estações de rádio, procurar e organizar arquivos de mídia digital e copiar arquivos em um dispositivo portátil.

Para utilizar o Media Player, siga os passos:

1. Arraste o mouse para a lateral direita da tela. Na Barra Lateral clique no ícone **Pesquisar.**
2. Digite **media player** e clique sobre o programa encontrado, conforme Imagem 11J. O aplicativo será aberto conforme Imagem 11K.

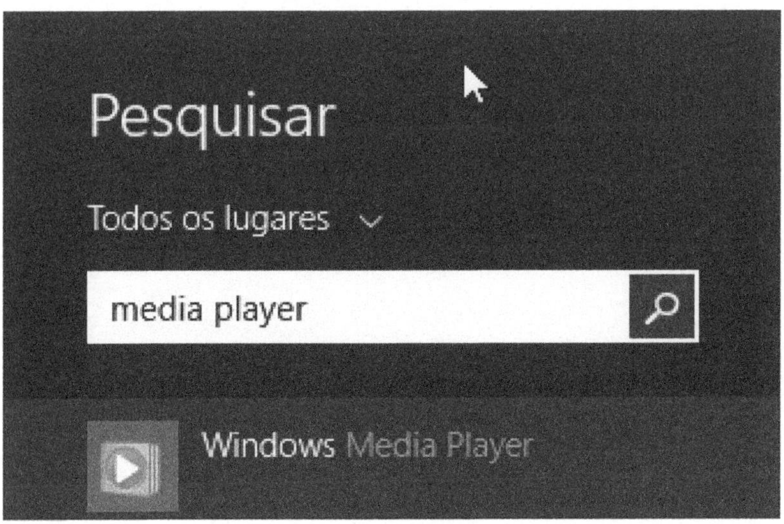

Imagem 11J - Abrindo media player

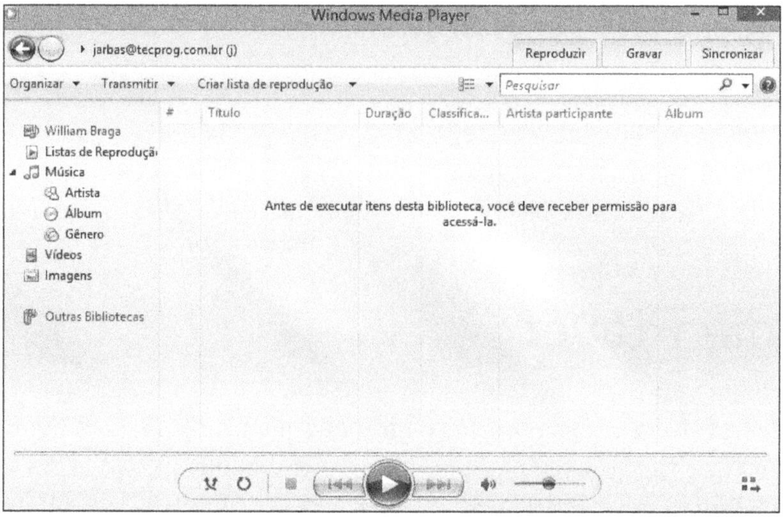

Imagem 11K – Media player

A Imagem 11K mostra os seguintes itens:

- Organizar: organiza os arquivos de mídia.
- Transmitir: permite configurar e liberar acesso remoto às mídias no seu dispositivo.
- Criar lista de reprodução: criar uma lista de arquivos de músicas ou vídeos para ser reproduzida em grupo.
- Reproduzir: permite arrastar itens para esta área para reprodução.
- Gravar: permite gravar um CD ou DVD
- Sincronizar: atualiza informações de um dispositivo de mídia tal como um celular ou player de música com o seu computador.
- Copiar do CD: permite a transferência de faixas de um CD para armazenamento no winchester.

FIXANDO O APRENDIZADO

1) Crie uma nota autoadesiva e coloque como compromisso "Casamento amigo – 10/12/2014".
2) Mude a cor da nota recém-criada para verde.
3) Crie outra nota e digite no conteúdo da mesma os itens a seguir:

   Comprar:

   Farinha

   Ovo

   Sal

   Leite
4) Mude a cor da nota anterior para azul.

Imagem - 11Exer

5) Abra o aplicativo Paint e, usando a ferramenta de captura, grave a tela do mesmo com o nome de figuras.png.

6) Execute o arquivo "malimba.mp3" que se encontra na pasta Arquivos de exemplo no Media Player.

Para finalizar, deixo pra você, leitor, uma lista de **Teclas de Atalho** que facilitam o trabalho do dia a dia. Assim, tarefas que exigem inúmeros cliques de mouse podem ser realizadas pelo teclado com maior agilidade.

Algumas combinações são novidades até mesmo para os mais experientes usuários do Windows, assim como as funções que elas representam. Vejamos uma pequena lista com as **principais teclas de atalho do Windows**.

ATALHOS WINDOWS

Atalho	Função
Win + Seta Acima	Maximiza a janela aberta
Win + Seta Abaixo	Restaura ou minimiza a janela atual
Win + Seta Esquerda	Move a janela atual para a porção esquerda do Dock
Win + Seta Direita	Move a janela atual para a porção direita do Dock
Win + Pause/Break	Abre as Propriedades de Sistema
Win + B	Muda o foco para a bandeja de notificação do Windows
Win + D	Mostra/Esconde o desktop
Win + E	Windows Explorer
Win + F	Busca
Win + L	Bloquear Computador
Win + M	Minimiza todas janelas
Win + P	Abre o menu de projeção (geralmente usado em laptops)
Win + R	Comando Executar
Win + X	Opções do botão iniciar
Win + =	Lupa
Win + [+/-]	Ativa a lupa e amplia ou reduz o zoom
Win + Ctrl + F	Abre a caixa de localizar computadores do Active Directory
Ctrl + Seta Direita	Move o cursor para o início da próxima palavra
Ctrl + Seta Esquerda	Move o cursor para o início da palavra anterior
Ctrl + Seta Acima	Move o cursor para o início do parágrafo anterior
Ctrl + Seta Abaixo	Move o cursor para o início do próximo parágrafo
Ctrl + Shift com qualquer seta presssionada	Seleciona um bloco de texto
Ctrl + Shift + ESC	Abre gerenciador de tarefas